2周狠賺 10%
短線交易的法則

張永叡——著

前言

09. 透過有效的工具，讓股市操作變簡單

大家好，我是張永叡，非常感謝你翻開了我的書，希望透過我的故事、我的投資方式，能讓你在投資路上更加順利，賺取更多財富。

老實說，從沒想過自己會出一本書，也沒想過自己能透過投資股票獲得目前有的小小成就；但這世界總是充滿著機會與希望，在朋友投資達人「彼得龍」的鼓勵下，將我的經驗、投資方法，分享給大家。我相信如果我能在投資上獲得一定的成績，你一定也可以。

為什麼說我從沒想過自己會在投資上獲得成就呢？

◎ 關鍵在於「觀念」與「心態」

因為我從小書念得並不怎麼樣，不過很愛看書，吸引我的總是課本以外的書。我總有一堆作夢般的想像力，上課時注意力超級不集中，常在老師很努力教學時神遊四海，幻想自己是太空人，飛來飛去拯救世界，幻想自己是個有錢人坐著私人飛機環遊世界。在這邊也跟教過我的老師們說聲對不起，您們辛苦了。

所以我並沒有過人的智慧、天才的投資腦袋，我的方式其實超級普通的，一般人都能學得會。這也是投資迷人的地方，投資並不一定要多聰明，要懂複雜的投資組合或程式交易，也不一定要像分析師懂各種產業才能持續獲利。我的理念是，越簡單越好，重點是「能賺到錢」，這才是最重要的。

投資這個行業真的滿有趣的，不是懂得多就會獲利多，不是你年資（股齡）深，成績就一定比較好。大家有沒有這種感覺，剛開始投資時獲利好像沒那麼難，怎麼越鑽研到後面，績效反而比一開始還要差？所以有些少年股神賺的比資深股神更多。

答案其實我也不知道，不過能確定的是，投資好壞絕對沒有先來後到的問題，會產生績效區別關鍵在於「觀念」與「心態」，對我來說，如果這兩者出錯了，方法再好都會在股市載浮載沉。這也是為什麼我這本書要從觀念說起，只要觀念對了，不管用什麼方式，只要是適合你的，就會賺到錢，你也就找到了自己在投資領域的康莊大道了。

◎ 短波段投資掌握度反而高

我的投資方式是利用簡易的技術指標來找到適合的標的，再搭配簡單的籌碼及基本面分析，篩選掉體質較差的公司，快速找到符合我投資理念的標的。我的投資方法是每次短線交易，一次獲利5%至10%，多次累計可以得到可觀的報酬。我認為一次獲利5%至10%的掌握程度，比一次賺50%高很多，所以累計獲利10次（或更多），一樣能完成一個波段的獲利。就像今年（2024年），我透過短線交易法，於3個月內完成累計報酬率50%的績效，且並避開台灣股市於2024/08/02至08/05的歷史最大跌點（08/02台灣加權指數大跌1,004點，08/05大跌1,807點）。

要完成一次大波段投資，必須考量的東西很多，如產業分析、大環境趨勢、財務變化等，對我來說變數太多了，例如有可能利率政策突然改變了，產業前景改變了，甚至可能碰到戰爭；但短線波段掌握度就很高，這更適合一般投資人。投資技巧不用複雜，重點是勝率夠高，能簡單執行並長期持續獲利。

投資其實也是一個自我探索的過程，在投資路上，你需要更了解自己，才能找到適合自己的方式。適合的投資方式是需要了解自己的風險承受度、自己的個性，而且這樣的投資方式是賺得到錢的，可以持續獲利；而不是自己認為這方式適合自己，卻總是賠錢。確立適合自己的投資方式後，就要持之以恆相信屬於自己的投資方式，那外在因素在對你投資的影響將會越來越小，你也會很自信地告訴自己，不管發生什麼事，我都知道該怎麼處理，一步一步持續獲利，並實現財富自由的最終目標。

目錄

00. 前言：
透過有效的工具，讓股市操作變簡單

01. 立志成為股票投資人的關鍵因素
P.009　家庭教育，讓我明白錢的重要性
P.010　電影《華爾街》給了我夢想與憧憬
P.010　踏入證券業，嘗到大賺大賠的滋味
P.012　人生破產兩次，反而對股市更有動力
P.013　持續修正投資法，簡單系統化交易

02. 正確的投資觀念
P.016　不要聽信明牌
P.018　不要報別人明牌
P.019　股票投資跟事業一樣，需要用心研究
P.020　找到適合自己的研究方式與投資方法
P.023　堅守自己的策略及嚴格執行
P.025　股票投資不是拚學位，不用複雜，簡單就好
P.026　記錄每次交易並寫下心得
P.027　永遠保持警戒的心

03. 小張的短線交易法

P.032　什麼是短線交易？
P.033　確認自己是否適合短線投資
P.037　如何判斷短線交易的買入點？
P.041　小張的短線交易流程

04. 小張短線投資交易工具

P.047　基本 K 線圖
P.053　判斷大盤的方向
P.058　支撐與壓力
P.066　3 大技術指標
P.085　基本面
P.097　融資成本線

05. 小張短線交易的 SOP

P.104　判斷大盤短線多空
P.114　判斷產業的強弱勢
P.120　使用 3 指標選出個股
P.130　快速檢視基本面

P.133　快速檢視籌碼面
P.135　設立短線停損停利
P.140　透過軟體快速找出技術指標型態符合的個股

結論：
股市只是人生的一部分，卻能改變人生

番外篇：
順勢放空

01.
立志成為股票投資人的關鍵因素

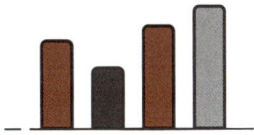

在我進入投資領域前，人生有幾段關鍵歷程，造就了我對金錢的渴望及了解金錢在人生的重要性。我「有幸」經歷過一段比較艱辛的時光（雖然跟我父母及祖父母那代比較實在不算什麼），但這些經歷讓我對財富的追求立下目標及決心，也讓我更明確了解投資的方向及方法。

・・・

現在許多年輕人的金錢觀念與上一代差很多，許多年輕一輩並沒有經濟上的困擾，沒有不得不賺錢才能存活下來的壓力。上一代的父母親都希望給予孩子最好的生活，度過最棒的人生，不希望孩子們經歷上一代的辛苦。但我的家庭教育方式則是，每當我遇到挫折時，我的父母雖不給予金錢的幫助，但給予我正確的態度及建議去面對問題，去解決問題。

在此真心感謝我的父母親，謝謝您們，您們是我人生及投資路上最棒的導師。

他們最常跟我說的一句話是：「不要害怕碰到挫折，這些問題都使你成長更多，當你解決後，再次遇到一樣的問題，你就更知道如何去處理，當你處理過很多挫折，你就會更接近成功。」不給予金錢的支援，但給予親情上的支持與人生建議。所以我真心覺得，要讓孩子們去面對自己的問題，讓他們自己去解決，他們解決問題的能力的確不如父母親，但會成長，而這些成長也會給予他們更多能量去面對更大的難題。

家庭教育，讓我明白錢的重要性

我很幸運出生在一個小康家庭，但爸媽從小就常提醒我一件事，那就是要對所得到的東西要有感恩的心。其實小時候並不是很明白，直到發生了幾件事後，讓我明白金錢在人生中占了非常重要的位置。

第一件事是國小一二年級時，我爸媽帶我到六龜孤兒院參訪，當時我還不太明白孤兒院的意義，傻傻地問爸媽，這些小朋友的爸媽呢？為什麼他們要住在這？爸媽告知我，這些小朋友的父母由於很多因素不能陪在他們身邊，所以這些小朋友就住在孤兒院裡，這邊的人會好好照顧他們。

當時的我很震驚，為什麼他們的爸爸媽媽不能在他們身邊。然後我看到很多大人要離開時捐錢跟物資給孤兒院，當時的院長一直跟大家道謝，小朋友也一直說謝謝。當時我很感動，第一次感受到錢除了能買東西，還能幫助其他人，這也是我第一次感受到金錢的作用跟我想像的不一樣。

第二件事是，爸媽對我的教育是不給予金錢上的支援，像我在美國念書時，爸媽已支付了學費及住宿等費用，其他的就要自己想辦法了。他們給我的觀念是，你想要什麼、需要什麼，就自己想辦法賺，他們可以給我對事物的建議，甚至可以提供人脈讓我詢問。所以我在國外念書時，會去找工作，有跟老師合作開宿舍福利社，有擔任過華人補習班的助教等。經歷過這些之後，真心體會賺錢不容易，也明白金錢在人生的選擇上，占了很重要的地位。

一直以來我都覺得自己很幸運，一路走來遇到很多貴人，但在我的成長過程中，看過許多需要幫助、人生路上不是那麼幸運、生活非常艱苦的人，所以我明白了一件事，金錢買不到所有的東西，但沒有錢真的萬萬不能。錢除了換得溫飽，還能給予人生更多的選擇，甚至幫助家人、朋友，所以我最後立下一個目標，要賺到足夠的財富，幫助我身邊的所有人。

電影《華爾街》給了我夢想與憧憬

　　立定目標後，當時我面臨從國外轉學回來要考什麼學校，讀哪一科系，為了避免自己沒學校讀，還報了個私立大學的英文系（想說畢竟自己會說英文）。當時我看了一部電影，片名叫《華爾街》，這部電影是 1987 年上映的，主演的演員是麥克・道格拉斯，電影敘述證券營業員巴德一心想在華爾街成功，並不惜一切接觸市場主力大戶蓋登，後來與蓋登一起賺取了大量的財富，並得知了內線消息。

　　最後巴德因自己父親的公司「藍星」被蓋登買下並分拆賣掉，發現蓋登並不在乎買下的公司員工，只在意自己的財富，最後揭發蓋登內線交易等不法情事，最後蓋登因違反《證券交易法》而入獄。

　　電影裡蓋登有句經典台詞，在一場股東會上，他對著所有的股東說：「貪婪是好的（Greed is good），記住我說的，貪婪是好的。」這是多麼吸引人的話啊、證券業是多麼吸引人的行業啊，證券投資能獲得一般薪資階級難以觸及到的財富，所以我當下就決定，我未來目標就是成為證券專業投資人。

踏入證券業，嘗到大賺大賠的滋味

　　出社會後，我為了實現當初看了電影想賺大錢的夢想，於是選擇了證券營業員這條路（跟《華爾街》的巴德一樣）。起初我還以為營業員會有很多內線消息，結果完全沒有，雖然消息一堆，但很難辨別真假，即使確定消息是真的，發動時間也很難抓得準。

◎ 遇金融海嘯、歐債危機，融資瀕臨斷頭

　　我當營業員的第一年是 2008 年，當時發生了全球金融海嘯，雷曼次

級房貸風暴席捲全球，台灣加權指數從最高 9,859 點跌到最低 3,955 點，曾有一天期貨開盤就跌停了。當時平均成交量萎縮到三、四百億，那時候的證券營業員真的很辛苦，都沒人要理我們，客戶聽到是證券營業員，就直接回說不想談股票。

那時我已經賠了一屁股，已有不想再踏入股市的念頭，當時很多跟我同梯的營業員幾乎都離職了，營業員當時都是領底薪，過得非常辛苦，感謝當時寶來證券的李經理沒有把我砍掉，讓我能繼續在股市磨練。

不過運氣很好的是，我加入寶來的一年後，指數開始瘋狂上漲，我開始買進一些個股，令我印象深刻的是富邦金，我買入後不久即連續 3 天漲停板，連這種大型股都變得超級強，各類股開始瘋狂飆漲。那時買什麼賺什麼，一度覺得我是天生股神，當時我已經被賺錢蒙蔽了雙眼，覺得勝率那麼高，那就改用信用交易（融資）買賣股票賺更快，就大舉把現股換成融資。

股市通常就是在你貪心時，會狠狠踹你一腳，當時買進後不久，就發生歐債危機，指數開始暴跌，財富大幅度縮水。我當時完全沒有停損概念、沒有下跌時的策略，整個慌了。我每天的融資維持率都在斷頭邊緣（當時融資維持率不得低於 120%），為了股票不要被斷頭，跑去銀行借信用貸款，但是股價完全沒起色，持續下滑，原本賺了不少資金的我，突然變成負債。當時我每晚都睡不著，每天都在想該不該砍掉股票？都已經跌那麼多了，應該繼續補維持率嗎？可是我也快沒現金了，到底該怎麼辦？

◎ 領悟投資策略與資金控管的重要

我相信不少投資朋友也經歷過這種每天處在驚慌失措的心理狀態，但也是因為經歷過這樣的狀態，讓我明白「投資策略」的重要性。當你在買賣之前就要訂好策略，不管發生什麼事情，你都有策略應對。另一件我學到很重要的事情是資金控管，永遠都要留一部分現金，好的資金控管可以讓自己在投資路上走得更踏實，當你都具備了，不管發生什麼事，你都會

很平淡地看待。

你問我後來有沒有砍股票？我最後還是砍掉了，因為補到沒錢補，負債100多萬，對當時的我來說就是破產。

人生破產兩次，反而對股市更有動力

在人生第一次負債後（第一次負債就破百萬，真的是崩潰），我就開始努力工作賺取資本，投資這條路沒有資本的話都是空談。在賺取資本的同時，我也努力鑽研投資方式，最開始接觸的是技術分析，當時看了很多投資相關的書籍，發現技術分析是較適合散戶的投資模式。技術分析相信所有的訊息會反映在股價上，而且歷史會重演，可以藉由過往的股價及股價趨勢，研判買進賣出的投資點位，賺取一定的投資報酬。對於短線上想累積一定報酬的我，這的確是最好的選擇了。

◎ 股市重回多頭，大賺失去戒心再度大賠

在累積了一些資金後，我再次挑戰股市，當時股市也重回多頭，很順利賺取了些資本；但我貪心再次使用融資放大槓桿，整體報酬率累計起來非常可觀，很有成就感，覺得我已掌握了投資的精髓。但其實現在來看，當時也只是因為市場的大多頭行情，讓我不成熟的投資技術能順勢發揮效果。

因為投資很順利，戒心就慢慢地放下了，結果市場再次發生劇變，2010年歐債危機後，希臘也相繼破產，連續性的國際利空再次引發台灣股市迅速下跌。雖然已經先想好如果下跌到一定的位置時，要進行停損，但我卻砍不下手，心想：應該沒有那麼衰吧，應該會反彈吧，已經跌很多了，應該不會再跌了吧。結果再次把賺取的財富輸回去，還倒賠。當時為了彌補虧損再次跟銀行借款，之前還未還完的金額，因為又新增借款，再

次回到負債的狀態，這個階段我大概已經負債 300 萬了。

◎ 開始反省心態，不把投資技術擺第一

　　就在我覺得人生沒什麼希望時，我遇到了我的股市恩師 Eric，他分享了以前的經歷，當時的他也急著致富而跟銀行借款，在投資技術及心態都還沒成熟時，就大舉投入市場，後來也被市場狠狠修理一頓。從他的例子我學到，如果觀念跟心態是錯誤的，你會再多、再厲害的投資方式都沒有用。也在那個時候我重拾希望，開始反省過去投資失敗的心態，哪裡做錯了，哪裡要修正。所以第一個章節我講的都是投資觀念，你可能會覺得無聊，卻是整本書裡最重要的部分。

　　你一定覺得很奇怪，我怎麼都不說賺了多少錢，一直說負債多少、破產了幾次。因為這幾段賠錢、負債的經歷，心理狀態的轉變，才是造就我正確投資觀念、心態及投資策略最重要的因素。「人，都是在逆境時才會成長最多，關鍵在於逆境時，你不能對自己失去信心，你要了解這段歷程能帶給你什麼。」這是我外公及父母親常跟我說的話，也分享給各位朋友。

持續修正投資法，簡單系統化交易

　　在 Eric 的教導下，我慢慢把學習到的投資方式系統化，然後簡化，且在這過程中發現，技術分析需要隨時檢視自己的投資方法是否達到預期。因為技術分析最大的盲點就是在特定的時間點會失真，它並不是完美的；但在核心策略不變的情況下，只須在特定的時間裡控管好資金，仍能持續獲利。最後再加進籌碼面的分析，基本面的篩選，勝率就會大大的提升。

　　投資方式真的不用複雜，簡單易懂就好，只要能持續賺到錢，就是好策略。我的經驗是，越複雜化的投資，反而難以控制或無法達到預期的效

果；簡單的投資策略能讓你在操作上掌控得更好，風險出現時明確知道如何處理，且投資效果絕對不差。

◎ 巴菲特、索羅斯都靠簡單方法取勝

舉個例，股神巴菲特的投資方式並不複雜，他不用電腦，不用複雜的程式交易，他評估公司的價值，只要低於評估出來的價值則買進，並長期持有達到複利效果。這方法非常有效率，也十分適合長期投資的投資人，但為什麼很少人用呢？因為很無趣。但別忘了金融大師喬治‧索羅斯曾說過，好的投資方式通常都是無聊的。

試想你在 20 年前低價買進台積電，並長期投資台積電的話，目前它的價值達到多少了呢？

02.

正確的投資觀念

經濟學裡有一個名詞叫「沉沒成本」，定義為不可改變的成本，不管你未來的決策如何，這些成本已經存在，所以決策者應該要忽略沉沒成本來做決策。這點跟投資股票需要的心理因素有極大關係，當你買進股票後成本已經產生，不應該因為成本影響未來是否賣出持股的判斷，你必須依設定的策略，執行「應該」要做的動作。

・・・

投資股票牽扯到太多的心理及人性，所以正確的觀念比投資方法重要得多，應該說是最重要的。你想想看，如果能規避掉不必要的風險、不必要的損失，你的投資績效絕對能顯著提升。試想，先不談我所謂的短線投資法，如果你避開了許多不必要的虧損，你目前的績效或報酬率會提升多少呢？以下有一些我認為投資前必須養成的正確觀念，能幫所有投資人趨吉避凶。

不要聽信明牌

「不要聽信明牌！不要聽信明牌！不要聽信明牌！」很重要所以要說三次，聽信明牌是台灣投資朋友們常做的一件事，當然有些人的確有內部消息，甚至可能有資源可以得到一般人得不到的消息，造成資訊落差。但我要給予的第一個投資觀念是，絕對不要聽信明牌，聽信明牌在市場絕對活不久。

試想看看，你要靠一個人不斷餵食你內部消息來進行操作，並持續獲利，對方會願意長期這樣做嗎？對方的消息每次都正確無誤嗎？再來，每個投資人都有自己的投資分析方式、資金水位、風險承受程度，每個人都不一樣，當你聽到明牌進場時，你的價位一定跟其他人不一樣，股價波動時你們能承受的波動也不一樣。最重要的是，你不知道為什麼要買進這檔

股票,以及要如何賣出。

◎ 不確定因素多,風險太大

我相信每個報明牌的人一定都是希望對方賺錢的,但當股價不如預期時,他記得跟誰報過牌嗎?他賣股的時候會記得通知每個他報過牌的人嗎?或是他自己也不是很確定到底該不該留著這檔股票呢?說到這裡,你不覺得不確定性很多且風險很大嗎?你的資金必須仰賴這麼多不確定因素才能獲利,不會感覺很恐怖嗎?

我的經驗是,靠自己才是最實在的,因為你篩選出的股票,買進的原因、賣出的價位、如何出股票、如何停損,全部都是你自己做的決定,你很清楚你自己在做什麼。

所以從現在開始,別人報的牌你就笑笑說收到了,謝謝他的好意。當然如果你經過評估、擬好策略後,覺得它是個好標的,就可以用你的策略,投資該檔股票,不管股票走勢如何,都能依你的策略進出。如果不符合你的投資策略,那就不要介入,代表該檔股票不是你該碰的,避開不必要的風險及損失。

不要報別人明牌

　　許多小有成績的投資人在市場累積一些資歷後,很喜歡跟其他人分享自己選的標的,向自己的親朋好友報牌。雖然跟第一點是反過來的,但同樣會影響你的操作。在向他人報明牌時,如果明牌上漲了,你會發現其他人會對你備感推崇,會重視你的看法,讚賞你的專業及選股能力,這是非常有成就感的。

　　但如果股票走勢不如預期呢?如果選錯股票了呢?選錯股時,如果小跌還好,但如果大跌呢?許多人一開始報明牌,後來卻讓親朋好友大賠,心理壓力可想而知。每個人都希望自己是對的,但即使巴菲特也有選錯標的的時候,我們不是神,不可能每次選股都大漲。當大跌到你的停損點要停損時,你能開口叫親朋好友停損嗎?你記得跟多少人說過這檔股票嗎?你來得及提醒大家要停損嗎?

　　很多人推崇你是因為你推薦的股票有賺錢,但你讓他們賠錢時,他們就會在背後數落你、怪罪你,不能怪他們,這是人性,這樣的心理壓力必然影響到你的操作,該停損時甚至下不了手。要謹記一件事情,我們是來股市賺錢的,必須盡量避開會影響你操作的事物,可以分享你對股市的看法,但「不要報明牌!不要報明牌!不要報明牌!」

股票投資跟事業一樣，需要用心研究

我在證券業多年，發現一個很奇特的現象，許多投資朋友在經營自己的事業時，都非常用心投入，每一分每一毫的成本都控管得很仔細，公司的每個決策都是再三深思熟慮，並且時時刻刻都在擔心自己是否有東西沒留意，未來的規劃在哪，競爭對手在做什麼，每天都非常警惕且用心。

但他們在股票市場的投資上卻完全不一樣，股市的波動比許多行業的報價變化快速許多，但許多投資人卻未經過分析研究、擬定策略，只是聽了電視投顧介紹，看看報紙，聽朋友報明牌……，就輕易把幾百甚至幾千萬的資金投入股票市場。

◎ 想在股市長久獲利，不能靠運氣

這個現象真的讓我十分意外，我想這就是人性，跟賭博一樣，我們都知道賭博勝率是低的，但踏入賭場的賭徒總覺得自己會是那位幸運兒。股市大多數的投資人都是賠錢的，所以在股市獲利時，那種快感及成就感是難以言喻的，這也是讓許多投資人欲罷不能的地方。在股市賺個一兩次不是本事，是運氣，要長期在股市獲利，就需要花心思去研究及執行策略。

很多朋友都笑說股市就是合法的賭場，但這個賭場是能透過策略及學習來得到財富的。投資的態度就應該要跟經營事業一樣，在下所有決定前，不是衝動行事，不是憑感覺，而是經過深思熟慮，並且要確實執行。如果股價走勢不如預期，也已擬好應對的方針，知道如何應對股市的變化，這樣才能在股市長長久久，穩定獲利。

找到適合自己的研究方式與投資方法

每個人適合的投資方式都不太一樣，有長期投資、中期投資、短線投資、當沖交易或高頻交易，甚至目前很流行的程式交易。你要了解自己懂得投資方法有哪些，哪些方法是你覺得勝率最高的，最重要的，你執行起來不覺得困難，運用你擅長的、有效率的投資方式。每個人都想要賺取價差的短線交易，最好天天漲停板，天天賺 10%，但這是不可能的，只有神才做得到，投資的方式千千百百種，你要了解自己適合哪種方式。

我則是非常適合短線交易，因為對我來說，賺取資本利得的機率比賺取利息高太多，而且我也覺得技術分析比其他分析法來得好理解、好掌握多了，這是我目前操作起來勝率最高的模式。前言已提到 2024 年短短 3 個月，我就賺取 50% 的累計報酬，2023 年則有年化報酬率 40% 的穩定績效。

◎ 能穩定獲利才是適合你的投資方式

我討論績效都是用報酬率表達，許多人會喜歡說賺了幾千、幾百萬，但因每個人的資金多寡不同，所以報酬率是最好表現投資績效的方式。例如，你投入股市的資金有 1 億元，你每年賺個 5% 就有 500 萬元了；但如果你的資金是 1,000 萬，那賺取 30% 至 40% 的穩定報酬率，就非常厲害了，但絕對金額是 300 萬至 400 萬，比一億元資金賺 5% 的 500 萬少。所以獲利金額無法看出投資策略的實際效果，應用報酬率來表現（後面會有一些實戰案例給各位參考）。

我發現很多人滿適合長期投資，這類人就是所謂的「價值投資者」。因為對這樣的投資人來說，短期漲跌只是股價短線的波動，並不影響長期趨勢，只要公司穩定獲利且配發合理的股息，投資人於股價低於一定的價格時介入，長期持有，股價終會反映其應有的價值，甚至超越其價值（這時就是賣出的時候），這樣就能獲得可觀的投資報酬。我叔叔與爸爸、股神巴菲特都是此類投資人。

在所有投資方式裡，長期投資是勝率非常高的方式，但篩選個股一定要深入研究，大多須符合一定的資本額規模及長期獲利能力的條件，要深入研究產業趨勢。如果投資錯個股，長期投資也有可能會一路住套房，或甚至最糟糕的，股票一路抱到變成壁紙。

有人曾跟我說因為他沒耐心，抱不住股票，而且資金很少，所以適合他的投資方式是當沖。我問了他幾個問題，你有當沖的操作策略嗎？勝率夠高嗎？當沖能長期穩定賺到錢嗎？如果你能一直靠當沖持續獲利，那恭喜你，當沖真的適合你；如果你只是喜歡當沖，但一直賺不到錢，那很抱歉，你可能得找尋其他適合你的投資方式了。

◎ 看看你是哪種類型投資人

這邊要特別提醒投資朋友們，喜歡跟適合是不一樣的，很多當沖客就像賭博一樣，每天在押大小，的確很刺激且很有快感，但風險真的很大。你把研判股市波動的時間縮短到一天，並且要精準進出，難度非常高，但這不代表沒人適合。在證券業多年，我就看過許多種類型的投資人，大致分成以下幾種：

- 長期投資客

核心為價值投資，鑽研公司基本面，了解公司營收及產業趨勢，並於公司股價被低估時買入並長期持有，大多為數年至數十年，且利用複利滾存增加獲利，降低成本。

- 波段投資客

利用價值投資法但搭配技術分析，於指標低迷時買進，並於指標波段過熱時賣出，多使用波段指標如 MACD 等長天期的指標，持有數月到 1 年。

- 短線投資客

採用技術分析賺取短線上價差，交易頻率為 3 至 5 天，有時更快，核

心理念為在技術型態發動的數天快速賺取價差。

• 隔日沖投資客

顧名思義即為今日買進隔日賣出，大多選取極強或極弱勢的個股，於尾盤時買進做多或融券賣出做空，並於隔日開高或開低獲利了結。

• 當沖投資客

以當日沖銷為主要交易方式，賺取當日波動價差，需有高度自律性，不然容易偏向賭方向。當沖客大多採用當日平均線或技術分析的 1 分鐘或 5 分鐘平均線作為進出參考。

• 折讓當沖客

這樣的投資客一般人較少聽過，其實亦為當沖客的一種，但交易頻率更快速更高頻，採用方式大多為股價瞬漲瞬跌時，策略為打平手續費。目前許多券商開出手續費優惠，交易量大的可以要求更低的折讓，故這類折讓當沖客每次交易的目標為 0.5%。

0.5% 為「公定」買進賣出手續費各為 0.1425%，當沖證交稅為 0.15%（證交稅為原為 0.3%，2017 年起當沖證交稅減半，故為 0.15%），所以 0.1425×2（買賣手續費）+0.15%（當沖證交稅）=0.435%，所以只要打平手續費基本上就是賺的，以下為範例：

每一億元交易量（買賣都算），公定手續費即為 14 萬 2,500 元（1 億×0.1425%）

目前許多券商的優惠手續費為 3 折，代表手續費僅需 42,750 元：142,500（公定手續費）×0.3（3 折）=42,750（客戶實際繳交手續費）

只要每次交易都能打平手續費，那每一億元當沖折讓投資人約可賺 9 萬 9,750 元：14,2500（公定手續費）－42,750（三折手續費）=99,750（應退給客戶的手續費）

所以當沖折讓投資客的交易量一般都很大，但能做此高頻交易的投資客並不多，需要高度敏銳及技術，才能於股價變動的瞬間出手，並賺取極短線價差。

堅守自己的策略及嚴格執行

擬定好策略後，再來就是嚴格執行了。這句話說得簡單，做起來很難，因為執行這件事牽扯到人性，曾有個調查局的朋友跟我說過一句話，不要考驗人性，人性真的完全禁不起考驗，看樣子這位調查局的朋友在工作上看到了不少人性的黑暗面。為什麼講到人性呢？因為人天生就有貪婪跟恐懼，這兩點在投資裡真的是完全體現出來，但想通往投資成功之路，這是一定要克服的關卡。

前言有提到不要產生不必要的損失，第一點就是當你的策略沒有發現買進標的時，不要亂買股票，策略是有連貫性的，當你一開始沒有堅守自己的策略買進，那後面的策略就沒有辦法達到效果。許多投資朋友並不是沒有好的投資策略，而是當沒有發現買進標的時硬要交易，造成許多無謂的損失，這些損失累積起來其實也是很可觀的。所以不要為了交易而交易，而是當你的策略出現標的好買點時才出手，這樣不僅勝算高，且後續的變化掌握度也高。因為你的策略都已擬定好了，只要不斷告訴自己，照表操課就對了。

◎ 停損停利，一定要第一時間執行

另外，很多書籍都有提到停損，當股價跌到你的停損點時，務必要停損。雖然有時會停損錯，但就我的經驗，第一次的停損絕對是最正確、損失最小的，10 次裡面幾乎會對 8、9 次。當沒有嚴格執行停損，後面幾乎都是重傷，不要執著在一兩次的交易，要看長期的多次交易，如果你碰到一到兩次的不停損重傷，要再回到原本的資金規模，就得花很多時間，投資效益就會大打折扣，且長期下來投資績效應該都不會太好。

再來聊聊停利，停利的心理壓力不比停損小，雖然是賺錢，但心裡都會擔心，會不會賣錯了、後面又大漲怎麼辦、少賺了好可惜……等想法。當你的策略出現了停利訊號，麻煩你，拜託你，閉著眼睛按下去吧，然後從自己的自選股或任何你看得到的地方，先刪掉那檔賣掉的股票，開始找

尋下一檔符合你投資策略的個股吧。

　　我看過太多客戶都是股票大賺後一直不賣，想再賺更多，最後抱上去又抱下來，原本大賺抱到變成賠錢；或下跌到停損點時，又因為當初曾經漲上去大賺沒出，此時更砍不下去。所以為什麼要第一時間嚴格執行，因為落袋的才是真的，不管你帳面賺多少，沒進到口袋的都只是螢幕上數字的變化。不管停損停利，一定要第一時間執行，不執行的話，後面要再執行的心理壓力將會更大。切記，切記。

股票投資不是拚學位，不用複雜，簡單就好

前面有提到很多人投資憑感覺，聽了明牌或看了報章雜誌，就將資金投入市場；但也有很多投資人把股票投資弄得像是寫論文一樣複雜，複雜到他自己都講不出他的核心策略是什麼了。認真是好事，但請不要複雜化交易，請謹記，你是來賺錢的，不要把什麼都加進你的投資策略。有些投資人到處學投資方式，把所學的全部都參雜在一起，整個策略不只沒連貫性，連怎麼實戰操作都有困難。

◎ 混合多種投資方法，恐適得其反

你想想，如果你用 A 老師的策略買進股票，用 B 老師的策略獲利賣出，用 C 老師的策略停損股票，用 D 老師的方式選股票，弄得整個策略既複雜又沒有明確的方向，績效很難好起來。每個老師都有自己的投資策略，是他們在市場上琢磨多年累積的經驗，所以他們選股、買進、賣出以及停損停利都是連貫性的，因為前面的原因，所以有後面的停利停損架構。所以交易時請使用同一種策略，不該混合其他的策略，這樣投資策略才會完整，除非你覺得綜合所學能改良你的策略，讓策略更加有效。記住，只要有效率，賺得到錢，都是好策略。

我盡量讓自己的策略越簡單越好，越簡單的東西，掌握度才越高。一定要記得，不是東西越多越好，重點是你自己要懂投資策略，並能簡單執行，持續賺到錢。

股神巴菲特的交易方式非常簡單，他於股價被低估時開始大量買進股票，並長期持有產生複利效果。複利是買進股票後，當股票配息時再買進同檔標的，並不斷重複，長期累積下來報酬率非常可觀。連愛因斯坦都曾說「複利的威力大過原子彈」，所以股災是巴菲特最高興的時候，因為可以大舉買進便宜股票。

記錄每次交易並寫下心得

個人建議不管你是新手還是老手,記錄交易是非常重要的習慣,每次交易都寫下買進價格及原因、賣出價格及原因;如果停利,記錄為何停利、看到什麼訊號;若停損,記錄為何停損;或出場沒有照著策略,更要寫下來,並在旁註記心得。

◎ 複習錯誤後交易,交易後再複習

為什麼記錄這些很重要?因為不管你資歷多長,難免會有出錯的時候,記錄是為了複習錯誤。我在交易時常回想,當初如果怎樣怎樣就好了,例如,當初如果第一時間停損就好了,就不會有後面這一大段了。所以這些紀錄是讓你回顧犯的錯誤,提醒自己盡量不要再犯。這樣長期複習然後交易,交易然後複習,你的心理狀態會逐漸穩定,交易會慢慢變成平常心。

通常我習慣在停損的紀錄上用紅字註記,並寫下我需要修正什麼,這些紀錄有助於你在下次發生同樣的事件時,避免再犯相同的錯誤。例如未能在第一時間停損,拖到後面才停損,把它記錄下來,並在旁邊說明,如果第一時間停損的話,會有什麼差別。這些紀錄可以加強自己對策略的信心,像我操作時如果因為某些因素沒照著投資紀律走,我會反推如果這些交易都照著紀律走的話,績效會如何。以下為我會記錄的主要項目,供各位參考。

日期:×××
標的:×××
買進價格:×××(原因)
賣出價格:×××(賣出原因:停損、停利?)
損益金額:×××
報酬率:×××
備註心得:×××(如未在第一時間執行策略,可寫上回推效果)

永遠保持警戒的心

最後,一定要時時刻刻保持警戒,尤其在持續獲利的時候,人會變得過度自信,並開始自我膨脹,對股市的警覺性變得鬆懈,這我經歷過好幾次。但股票市場是千變萬化的,常常一夕之間從多頭轉為空頭,總是發生在你出現貪心及失去警戒的那一刻,例如 2024 年 8 月 2 日及 5 日,在這之前就已有多個高檔警訊出現,如技術指標過熱、外資空單在大跌前一日即突破歷史新高,達 4 萬 1,342 口(如下圖)。但當時市場仍持續上漲,讓散戶都失去了警戒心,覺得台股強到外資被嘎空,殊不知這只是外資在引誘更多人進場買單,結果連兩日共大跌 2,811 點(如下頁圖)。

所以不管投資績效好壞,投資朋友一定要時刻警惕自己,不能因一時的大賺而失去了戒心,然後過度自信不照著自己的投資策略執行。股票市場最喜歡在大家都賺到錢的時候突然翻臉,但市場也會在趨勢改變前發出警訊。切記不能因為操作太順利,而忽略了這些警訊,要時時刻刻去檢視市場趨勢是否有異常現象,才能在市場變盤時將損失減到最小,甚至反手獲利。

2024/8/2 外資期貨空單口數

序號	商品名稱	身份別	多方口數	多方契約金額	空方口數	空方契約金額	多空淨額口數	多空淨額契約金額	未平倉多方口數	未平倉多方契約金額	未平倉空方口數	未平倉空方契約金額	未平倉多空淨額口數	未平倉多空淨額契約金額
1	臺股期貨	自營商	9,717	43,861,663	9,359	42,266,396	358	1,595,266	7,351	33,321,617	9,859	44,696,766	-2,508	-11,375,149
		投信	1,874	8,489,285	87	393,873	1,787	8,095,412	30,787	139,526,684	6,051	27,423,132	24,736	112,103,552
		外資	83,125	375,097,271	87,550	395,078,423	-4,425	-19,981,152	19,247	87,233,252	60,589	274,600,781	**-41,342**	-187,367,529

資料來源:台灣期貨交易所

2024 年 8 月股災，兩天跌近 3,000 點

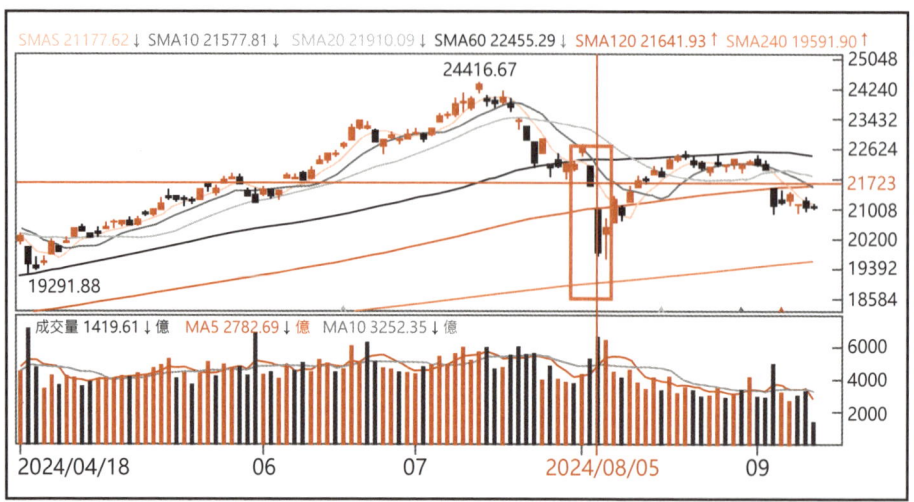

資料來源：台新超級智多星

03.

小張的短線交易法

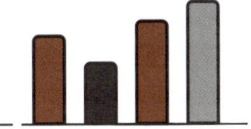

很多人認為短線交易是不可取的，頻繁交易造成成本上升，且需要花時間緊盯盤面。很多專家都建議股票應該要長期持有，篩選好公司，然後就抱好抱滿。但這真的是適合台灣散戶的投資方式嗎？

• • •

雖然巴菲特提倡長期投資，一檔股票可以抱 20 至 30 年，但我認為短線交易反而比長期投資更好掌握。因為長期投資需要對公司產業前景、財務狀況、政策方向，甚至總體經濟都要有深度了解；而且必須長期持有，以時間複利來降低成本，提高賺錢績效，看似非常有效率的投資方式，但我發現有幾個問題：

◎ 散戶對長線投資掌握度低

第一，台灣的企業公司壽命比美國企業短很多，據報導，一般台灣公司平均壽命約 30 年，中小企業更只有 7 年，如果你想長期抱股票，但選錯標的，非常有可能抱到下市。有許多曾經的上市櫃公司都已不在股票市場上，例如當初盛極一時的太平洋電纜、東帝士、力霸集團等都已下市。

第二，對一般投資人來說，很難深入分析研究產業，只能透過一些研究報告做初步判斷，對產業的掌握度很低，無法知道產業的反轉及變化。

第三，上市櫃公司公開的財報是否是真的完全正確？在過去數十年裡，發生多起大型企業掏空弊案，如力霸集團、博達科技、樂陞科技。

以上這些問題讓我覺得，長期投資需要大量研究產業，且要深入了解公司，不然持續持有的風險不小。許多投資人會長期持有，其實都是買了套牢才抱著的，結果是越抱越傷心。

一般散戶大多是一個人投資，頂多跟朋友或營業員聊聊互換資訊，所取得的資訊是比較公開且落後的。但以上很多問題都可以透過團隊研究方式進行，這樣效率會高出許多，就像專業投資機構會有許多研究員，大多

研究員都只鑽研一個產業，這樣才能深入研究，避免投資有重大風險，及尋找新崛起的產業。但這不是我想在這本書跟大家分享的，這本書的主要重點在於散戶投資模式，我想分享的是，散戶也能透過簡易的短線交易，在市場上穩定獲利。

◎ 短線累積 10 次以上獲利，等於抱了長波段

常見的波段投資也是很不錯的交易方式，但掌握度真的不高，能抱整個波段的人真的不多。通常波段報酬至少都有 50％，許多個股甚至能達到 3 至 10 倍，如 2021 年的長榮（2603）整個波段達 10 倍，造就了很多航海王；2011 年的宏達電（2498）整個波段也達 20 倍。但因為時間長，上漲過程中因為變數多，無法對公司及產業狀況深入了解，散戶不是中間被洗掉，就是抱到變賠錢，甚至不知到底要不要續抱。

在證券業多年，我只看過兩種人能抱整個波段，一種是價值投資的專業投資人，非常了解該公司發展及產業方向，所以於公司股價被低估時買進，股價漲到超過該公司應有價值時賣出。另一種人則是忘了自己持有這檔股票，突然有一天發現怎麼漲這麼多，例如 2024 年的台積電（2330）最高漲到破千元，很多投資人刷存摺才想起多年前有買進台積電，因為沒經歷過上漲的那段心理掙扎，所以就默默地抱了整個波段。

而在我投資股市的 20 年經驗裡，短線交易是我認為較適合散戶的，不需要投入大量的時間或建立團隊進行研究。有投資經歷的人應該都知道，要賺取 5％的難度遠低於一次賺 50％，那麼只要能提高這類交易掌握度，並累計完成 10 到 15 次的獲利，就能得到一個波段的報酬率。

什麼是短線交易？

所謂短線交易，是指買賣交易僅間隔數天，通常指買賣在 1 周至 10 天（約雙周）完成，最短的有當沖甚至隔日沖，但這不是我投資方法的主軸。

我會選擇短線交易是因為超過 10 天交易區間，變數就會增加，不知道未來市場會發生什麼事，公司會不會有其他狀況，法人籌碼是否鬆動，產業前景是否改變，財務報表是否不如預期等，都會影響股價。而 5 到 10 個交易日技術型態完成時，股價幾乎都能在短線有所表現，一般在 5% 至 10%。

所以我們就能在符合這樣形態上的個股穩穩賺取短線獲利，每日的工作就是依照短線交易的 SOP 找出符合條件的個股，且在買進時即設好停損點，然後持續重複這樣的交易動作，即可持續累計報酬，5% 的獲利累計 10 到 15 次，即能完成 50% 的波段報酬。

◎ 重複掌握度高的交易便能持續獲利

短線交易的主軸即是於數日內賺取價差，許多人會覺得這是投機的投資方式，這裡我要說明一下，股價是反映大眾心理的，你常看到許多沒賺錢的公司股價在 100 元以上甚至更高，許多飆股公司甚至還在虧錢，這代表很多時候股價不是看實際營收來決定，而是投資者。這也代表了股價的波動能依據技術分析來判斷，技術分析相信股價會反映所有資訊且會歷史重演，所以我們要做的就是找出掌握度高、會上漲的技術分析型態，並設定好策略，重複此型態的交易，累計獲利。

電影《藥命效應》裡男主角曾說過一句話，「股價並非基於公司運作，而是在於大眾心理作用。」《一個投機者的告白》作者科斯托蘭尼也說過一句話，讓我更明白投機對一個投資人的重要性，「有錢的人可以投機，錢少的人不可以投機，沒錢的人必須投機。」

確認自己是否適合短線投資

短線交易有幾個要點及優缺點,請各位投資朋友評估自己是否適合。

雖然短線交易是比較適合散戶投資人的,但不是每個散戶都適合短線交易,每個人的心理狀態、資金水準、財務狀況、投資觀念、個性、工作及成長環境都不一樣。所以對於短線交易,投資人還是必須評估一下,前文有提到,找到適合自己的投資方式非常重要。以下為幾個要點,提供投資朋友參考:

◎ 要點1:短線交易需每日看盤

基本上短線交易必須每日看盤,因我們要賺取股價短線的波動價差,所以看盤才能於上漲時抓住賣出時機,下跌時在適當的時候停損,並且有機會選取符合短線交易型態的個股。

◎ 要點2:因交易頻率高,需高度紀律

短線交易因交易頻率高,所以需要高度的紀律,才能做出績效,在賣出股票時,不去思考會不會太早賣,到達停損點時即立刻進行停損。許多投資人的問題都在紀律,總是會擔心少賺、多賠,猶豫到底要不要賣出股票。但只要沒有照原先的操作紀律,後果大多是很慘的。要知道,只要碰到一兩次重傷,要恢復元氣就需要更大量的時間,重新累積資金;而且遇到重傷時,投資人的心理狀態通常是信心不足,開始會懷疑自己。

> 《一個投機者的告白》名言:
> - 成功的投機者在100次投機中,成功51次,失敗49次,他就靠這差數維生(要知道他失敗的49次都是小賠)。
> - 老的投機者最大的不幸是:積累了經驗,卻失去了勇氣。

◎ 要點 3：高度交易頻率務必做好資金分配

　　資金分配的重要性在所有的投資交易裡都會提到，不管你是進行哪一種類型的交易，都不要重壓所有資金在單一個股。「不要把雞蛋放在同一個籃子裡」，在各種投資教學裡也常聽到，即使你對於自己的判斷再怎麼有自信，也不要重壓，因為股市沒有 100％ 確定的事，即使是內線，也可能因為中間有某個環節出錯，而導致結果不如預期。只要全部重壓碰到一次重傷，就會產生鉅額虧損，需要很長的時間才能逐步回復資金水準，所以謹記避免全部重壓，才能避開重大損失。

　　建議一套資金的投資組合控制在 3 到 5 檔個股，這樣的檔數是較好掌握的。在業界多年，曾看過許多投資人的庫存多到，我都覺得他是不是要組一檔 ETF。3 到 5 檔個股，不管你要賣出股票獲利或停損，都能即時掌握，且資金也能較集中在幾檔標的。在《窮查理的普通常識》一書裡，巴菲特的合夥人查理・蒙格就透露，他的投資組合不會太過分散，大多都持有 3 檔左右，所以即使是專業投資人，投資組合的檔數也不會過多。

指數股票型基金

指數股票型基金（exchange-traded funds，ETF），或稱交易所交易基金，是一種在證券交易所交易，提供投資人參與指數表現的指數基金。ETF 將指數證券化，投資人不以傳統方式直接進行一籃子證券之投資，而是透過持有表彰指數標的證券權益的受益憑證來間接投資。ETF 的發行機構會將一籃子可追蹤的指數中的股票投資組合，委託一受託機構託管，並以此為實物擔保，分割成許多單價較低之投資單位，讓投資人購買，並在集中市場掛牌交易。

資金分配比例原則，建議在一般行情下，可依 30％的比例買進一檔個股，最多三檔（即 90％），10％為現金，記得一定要留有部分現金，以備不時之需。如行情較差時，建議現金比例可拉高至 25％到 50％，個股比例則調整為 25％至 17％，這樣的資金分配，可以提高投資人整體績效的穩定度。當然每個人習慣的分配法可能不太一樣，以上是我個人的做法，提供給各位參考。但要謹記一點，就是不要把全部資金都重壓一檔個股，這就變成賭博了。以下是短線交易的優點：

◎ 優點 1：能短線快速獲利

短線交易最大的優點就是能在短時間內獲利，對於像我這樣一開始資金不多的投資人來說，這樣才能在有限的時間累積一定的獲利。但投資還是要有策略與方法，最重要的還是自律，要嚴格執行交易策略，對的策略幫助短線交易累積獲利報酬，速度是非常驚人的，我曾有一個月超過50％的累計報酬，並於當年獲得倍數的獲利績效。

◎ 優點 2：較能控制風險及停損

短線交易因快進快出，所以持股時間並不長，當走勢不如預期，跌破停損點則出場，因為當個股的趨勢改變，你卻持續持有，反而會造成鉅額虧損。舉個例子，智慧型手機公司宏達電（2498）在智慧型手機剛推出時，是當時盤面上最火紅的個股，短短一年（2010 年 4 月到 2011 年 4 月），股價由最低 372 元一路飆升至 1300 元，一年漲了 3 倍；但之後一路下跌，到 2024 年僅剩 35 到 50 元。所以短線交易在趨勢不如預期時，及時出場是可控制風險的，也避免資金長期套牢。

◎ 優點 3：能於短時間了解策略效果

短線交易因數日內即完成一筆買進賣出交易，所以連續幾次的交易即可看出其策略是否有效，如一直未能獲利，則可及時修正其策略；如果是

中長期投資，則要花更多時間，才能了解投資方式是否正確。所以短線投資有能及時發現策略效果，與及時修正的優點。不過短線交易也有缺點如下：

◎ 缺點 1：高度交易頻率導致成本上升

短線交易因交易頻率較波段投資或長期投資高很多，所以交易成本也會較高。之前會覺得這是一個問題，但近幾年各大券商因競爭激烈，手續費折讓都有一定的優惠。其實短線交易手續費率雖比中長期投資高，但已比沒有折讓時期的成本降低太多了。這部分雖然是缺點但影響有限，當然還是比中長期投資來得高。

◎ 缺點 2：需要花較多時間關注市場及看盤

短線交易因在數日內即獲利或停損出場，關注每日行情波動就會變得比長期投資來得重要很多，因為短線交易賺的是短線的價差，長期投資則會忽略短期波動。所以短線交易需要每日看盤、關注市場變化，並及時做出反應。當策略明確時，不管波動如何，你都已準備好獲利或停損的動作了，再次強調，務必嚴格執行。

◎ 缺點 3：策略錯誤會快速虧損

這點跟優點 1 是相對的，如策略錯誤時不修正，短線交易虧損則會快速累積。比方說當沖交易，許多投資人幾乎每天都要沖一把，但幾乎天天賠錢，這代表投資人在當沖交易上的策略是錯誤的，也有可能根本沒策略，就憑感覺來沖一下，基本上就像賭場壓大小一樣。

若交易策略或做法沒改變，短線交易反而會累積越來越多虧損，當沖每天虧損一萬元，一個月可能累積虧損到 22 萬元。所以當連續性虧損產生時，一定要先檢視自己的策略，因為代表這套策略或交易的趨勢方向是錯的。

如何判斷短線交易的買入點？

　　前文提到，一般投資人較難掌握個股的波段上漲，但讀者在看技術線圖時是否有發現，個股波段漲勢大多都是呈階梯式的上漲，極少個股是一次漲到底的。對籌碼分析有研究的投資朋友應該也會發現，許多主力都是邊拉邊出股票，也很少有一波抱到底的。

◎ 股價上漲呈階梯式，高檔爆量須留意

　　為什麼會這樣呢？那是因為股票是人在買賣，線圖也是人做出來的。一般法人或主力有比一般投資人強大的資訊優勢，所以主力在初期買進個股時，都會先小拉一段股價，之後則讓市場自行反應，自己也會先回收部分資金，這樣才能吸引更多投資人注意到個股，也能看看市場反應狀況。這時主力只會守住區間的低點位置，如果主力未來仍要持續拉升該個股，股票回檔時不能回檔太多，一方面線圖會被破壞，更難吸引投資人介入。

　　另一方面，回檔太多也會造成太多套牢區，下一波拉升時的阻力也會越大，所以在區間整理時，主力一般會維持一個高低點的區間，並在區間整理期間來回做價差，並在適當的時間點（如利多公布），再順勢突破區間整理，並進入下一個波段。而在末升段時，該個股已成盤面熱門標的，許多投資人被吸引進來，主力這時會順勢出貨，高檔爆量時要特別留意，因為這時主力有可能已將持股倒給市場，未來如沒有主力接手持續推升，股價趨勢改變的機會就很大。

◎ 不必猜波段高點，參與短線起漲時機即可

　　另外，如果股票不呈階梯式上漲，而是一直拚命往上漲，對大多投資人甚至法人來說，並沒有可介入的空間，投資人可能也不敢貿然追高。所以個股一般都是拉一段，休息一段時間（這時大多會處於區間整理），然後突破區間再拉一段，然後再休息一下，一直到不再突破區間，反而跌破

區間下緣時，則是**趨勢反轉**的時候，這部分在後文會解說。

當然也不是每檔股票都是呈階梯式的上漲，畢竟股票市場是許多投資人一同參與的，有可能一個主力在拉升時，卻被另一個主力倒貨，無法順利突破。但這些都遠超過散戶投資人的辨識能力，散戶只要參與到中間的小波段及起漲時的價差即可。

股市是群眾心理的戰場，主力及法人也很清楚這點，所以會營造大家都想進場的環境，並適時做出下一個波段；但我們不知道的是，整體波段上漲會漲到哪裡，但只要在每個波段裡的各階梯式起漲時，篩選出個股並買進，參與短線上漲的買賣交易。

範例1：台積電（2330）

為台灣最大權值股，2024年波段上漲一路漲到1080元，從下圖可發現，個股一樣是走階梯式上漲完成整體波段。個股會先在一個區間來回，直到突破上緣（即下圖紅線）走一個小波段後，股價會再進入一個新的區間整理，一段時間後又再次突破。衝上最高1080元後，未再突破區間上緣，反而跌破區間下緣（多為前一波區間的上緣線），代表一個波段的趨勢已改變。

台積電未突破1080區間，反開啟一段跌勢

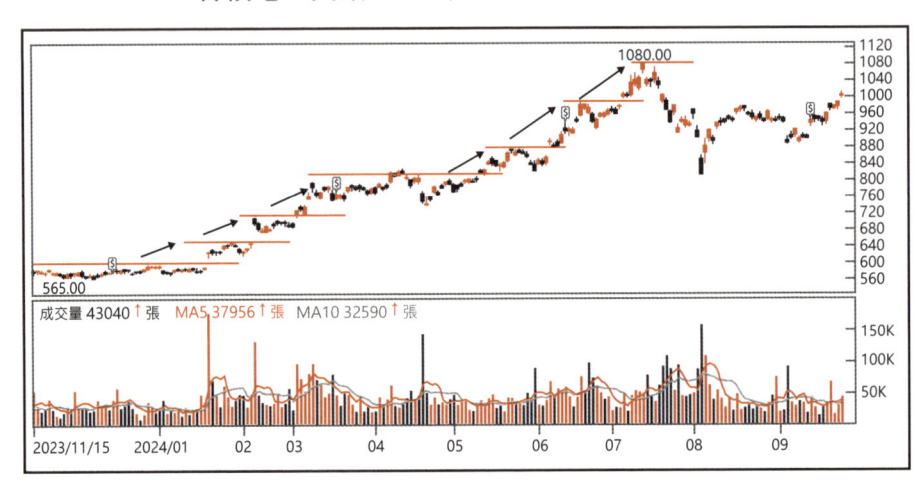

資料來源：台新超級智多星

範例 2：鴻海（2317）

　　代工龍頭鴻海的走勢也是如此，當然每檔個股的股性略有不同，但大多的個股波段仍是走階梯式，下圖可看出鴻海 2024 年的一整個波段漲勢，亦是階梯式的，直到高點 234.5 元後就未再突破，股價反而跌破區間下緣（前波區間的上緣線）。當跌破區間下緣時，代表股票波段**趨勢改變**，大多個股會回檔下跌，並進入新的區間整理。當區間整理完後，則看股價會突破區間上緣或是區間下緣，代表新一波的走勢。

鴻海未突破 234.5 區間，反開啟一段跌勢

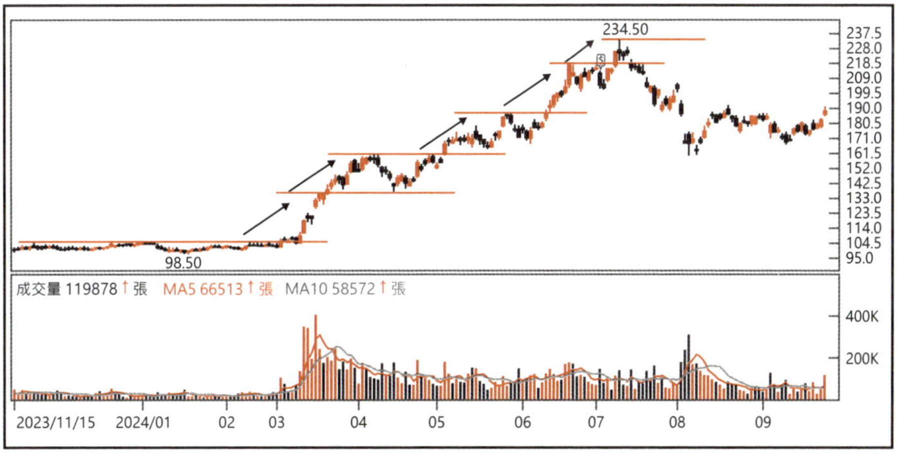

資料來源：台新超級智多星

眼尖的讀者應該也有注意到，除了上漲波段走勢為階梯式上漲外，個股的下跌也是走階梯式的。大多個股在空頭趨勢時，也是以階梯式的下跌方式走出下跌波段，個股也是跌一波後休息進入區間，然後跌破區間下緣線後再跌一波，然後進入新的區間。一直到新的區間下緣未被跌破，且個股突破區間上緣，代表空頭波段結束，可能開始新的上漲波段，鴻海就有此型態。

從下圖可看出，鴻海即將突破區間整理，可能開始新的上漲走勢（如下圖紅框處），如果突破，則會上漲一個小波段，然後進入新的區間整理，並等待下一次的突破或跌破。

鴻海下跌區間整理完成，可望突破變多頭

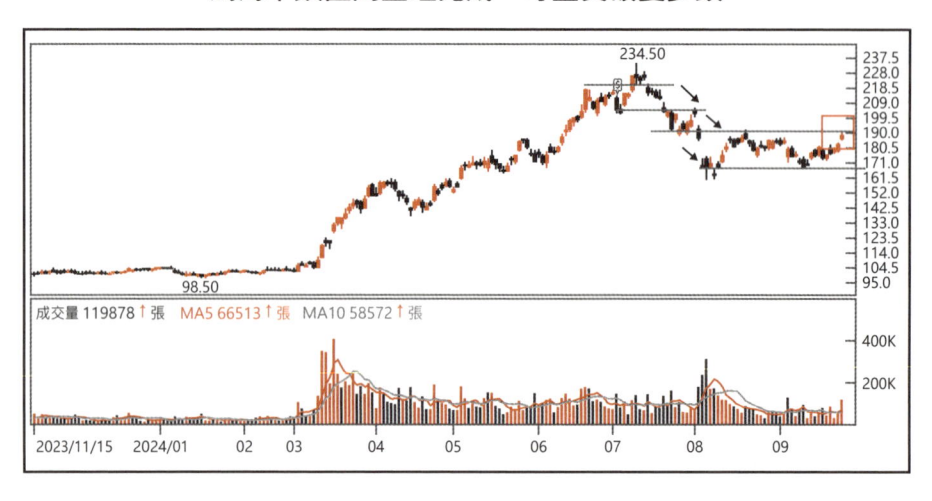

資料來源：台新超級智多星

小張的短線交易流程

個股都是漲一波（或跌一波）就休息一下，進入區間整理，而我的交易方法則是找尋這一波一波的交易機會。進入短線交易 SOP 之前，先跟讀者簡單說明短線交易方式，以便理解我的交易核心概念及所需工具。

小張的短線交易流程大致如下：

◎ 檢視大盤的趨勢

選股之前，一定要先檢視大盤趨勢，交易市場上常說一句話，「順勢而為，不要逆勢操作」。如果大盤的趨勢是多頭，則大部分個股上漲機率是比較高的；反之，如果大盤處在空頭趨勢，則大多個股也較容易下跌。所以在短線交易時一定要順勢操作，當大盤處於多頭趨勢時，以多頭選股策略；空頭趨勢時，則以空頭選股策略找尋放空個股。

◎ 利用券商軟體選出型態完成的個股

當趨勢方向確立後，則可開始選股。後續介紹的技術指標選股，可由軟體先設定好，再從中選擇符合策略的技術型態，這樣選股才會快速，不然上市櫃合計共近 1900 檔個股，要一檔一檔去看太慢了。

現在的券商軟體真的很方便，像我服務的台新證券軟體「智多星」，可自設想要的選股頁面，不到 15 分鐘，即可找出符合我策略的個股。這也驗證了古人常說的一句話「工欲善其事，必先利其器」，在這科技日新月異的時代，一定要善用工具讓交易更為順利。

◎ 型態個股選出後檢視其籌碼面

在現有的分析法裡，籌碼分析是近幾年非常熱門的分析方法，主要因

資訊公司研發出籌碼分析軟體（如理財寶的籌碼 K 線、豹投資等），讓籌碼分析一下子變得沒那麼困難。因為在早期，雖然證券交易所每日會公布三大法人及券商進出資訊，但彙整所有資料太過費時，籌碼分析較難有效果。之所以會提到籌碼分析，是為了讓短線交易勝率更高。

籌碼分析的好處是站在巨人的肩膀上，看出主力買哪些個股，錢往哪檔個股跑，則那檔個股上漲機率就大增。一般散戶並不需要太過複雜的籌碼分析，我的短線交易僅參考三大法人對於個股的買賣超，尤其是投信交易的部分。外資因交易期間較長，而且現在也有一堆假外資（懂籌碼分析的讀者會發現，一些外資每日做隔日沖），投信的部分是較為可靠的。

而且投信經過研究團隊研究後，基金經理人才依策略去投資個股，投信交易的習性大多為快速連續買進或連續賣出，這正符合短線交易在籌碼上的需求，所以三大法人最重要的是參考投信買賣。

有讀者問怎麼沒提到自營商，自營商也是短線交易，為什麼不參考他們的買賣超呢？因為自營商因交易頻率非常短，幾乎都是當沖或隔日沖，所以參考價值較低。

◎ 型態個股選出後檢視其基本面

在選出技術型態跟籌碼符合策略的個股後，最後要檢視的是基本面。檢視基本面的目的不是要進行長期的價值投資，而是盡量避開風險較大的個股。有些個股完全沒獲利，但因股價表現進入了策略選股，這類個股很容易暴漲暴跌，有時還來不及跑掉就跌停鎖死了。檢視基本面是要避開踩到地雷股，不然踩到一次可能要重傷好幾年。

技術型態＋籌碼面法人買進，最後加上基本面較佳的個股，市場一般認同度都較高，股價短線發動的機率就會大增。

◎ 選出個股後於尾盤買進，並寫下策略紀錄

在完成上述所有步驟後，最後一步則是買進個股，我一般會等到當日最後一盤（13：25）買進，我會以較高的價格買，除非當日投入買進的資金量較大，或選出的個股成交量低於 3000 張，我才會在 13：10 過後開始分批買進。為什麼等到快收盤才買進呢？主要是為了確定型態完整，盤中個股有時變化很大，早盤超強的個股，甚至可能攻到快漲停，中盤時常會反轉下殺。其實大盤或個股開高走低的機率還滿高的，所以尾盤買個股的主要原因是要確立技術型態，這部分在後篇會再詳細講解。

最後，買進個股後一定要把自己的交易策略即時記錄下來，並同步寫好停損點、如何賣出個股。這樣遇到盤勢波動時，只要打開交易紀錄本，就不會感到心慌，因為你已經將預測的可能狀況及應對方式寫下來，只要依設定好的策略執行即可。當開始熟悉操作策略並能持續獲利時，整體的交易心態就會越來越成熟，也會對自己越來越自信，面對盤勢及個股劇烈波動時會更加冷靜，甚至不會有太多情緒反應，因為你已清楚知道，面對任何狀況你都有策略應對。

04.
小張短線投資交易工具

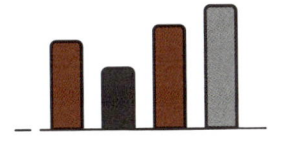

在這個變化莫測、翻臉比翻書還快的股市裡，善用工具是不可或缺的能力。有些人的工具是消息面，透過取得訊息的優勢，提前布局有利多的個股；有些人的工具是籌碼，透過研究法人、主力大戶的資金流向，來研判個股是否有主力介入，搭著主力買進的順風車賺取價差。但資訊面除非真有特殊關係，不然很難取得；籌碼面因籌碼軟體的盛行，主力也開始有防範的作法。我的作法則較適合散戶，透過技術面研判個股走勢，並利用簡易的籌碼及基本面來篩選個股，進而提升選股勝率。

・・・

　　在開始詳細解說我的短線交易法前，先讓各位讀者了解我的短線交易法需要用到的投資工具，大多都是非常簡單且耳熟能詳的技術指標，所有券商軟體也都有。之前沒學過技術分析的讀者，相信讀完此章後，也能迅速運用這些技術指標，因為使用方式非常簡單。

　　前文有說過，我只使用我會的、以及能理解的工具；超出能力範圍的工具即使硬要使用，也無法得心應手，很難運用得好。運用不熟悉的工具，可能會影響自己的投資績效。就像你可能是精於跆拳道的高手，但硬要你用拳擊來擊倒對手，相信功力一定大打折扣；或者你的職業是工程師，所以使用程式交易對你來說得心應手，但對我來就說是高難度的挑戰了，很難把自己的投資理念及實戰策略運用在上面。

　　不過沒關係，我們的重點是簡單，最重要的是能賺錢，簡單好用且能穩定獲利，才是我們追求的核心價值。

　　股市分析分三大類，基本面分析、技術分析及籌碼分析。此篇工具介紹將會以技術分析為主，以及簡單的基本分析工具及籌碼工具。

　　這邊要提醒讀者，雖然此篇會介紹這些工具的理論及公式內容，但不須太刻意去消化，我們不是來探討學術理論的，而是要將工具運用在實戰上，所以理解如何使用就可以了。所以即使是第一次接觸技術分析的讀者也不用害怕，只要懂得運用及其代表的意義就可以了，不須太過深入探討背後的理論公式，本篇使用的技術分析工具都是非常基本、簡單的。

基本 K 線圖

K 線圖幾乎是所有技術分析都會使用到的,算是技術分析中最主要的工具。K 線圖是用來觀察投資商品的趨勢,不只股票,K 線圖也運用在期貨、黃豆、玉米等各類商品上。其實 K 線圖最初就是用來記錄米市的每日行情,據傳是由日本江戶時代的白米商人本間宗久發明,用以記錄米的價格及趨勢。K 線圖主要就是由 K 線(或稱 K 棒)組成,K 線是記錄一段時間的價格變化而形成,主要由 4 個價位所構成。K 線因為長得像蠟燭,所以又叫蠟燭線。

K 線可分「陽線」、「陰線」和「中立線」3 種,陽線代表收盤價大於開盤價(即價格上漲),陰線代表開盤價大於收盤價(即價格下跌),中立線則代表開盤價等於收盤價(即價格不變)。

看懂 K 線結構與意義

陽線:最高價、上影線、收盤價、開盤價、下影線、最低價
陰線:最高價、開盤價、收盤價、最低價

資料來源:維基百科

K 線可應用於不同時間範圍，記錄一天內價格波動的稱為日 K 線，記錄一周的稱為周 K 線，記錄一個月就稱為月 K 線。一般短線投資人以分析日 K 線為主，如果需要觀察投資標的歷史價格走勢，那麼一般會選擇分析月 K 線或季 K 線，甚至是年 K 線。

K 線（K 棒）其實也有其專屬的分析方式，但分析法在此不探討，坊間有許多相關書籍是關於 K 棒投資，有興趣的讀者可以研究，這裡只要教大家看得懂趨勢並了解 K 棒的意義。

另外，我發現許多讀者會誤以為陽線（紅棒）就代表上漲，陰線（綠棒）就代表下跌。其實陽線（紅棒）、陰線（綠棒）是開盤及收盤的比較，如果收盤比開盤高則是陽線，收盤比開盤低則是陰線。

K 線圖是由不同區間的 K 棒組成，有日 K 線、周 K 線、月 K 線等，更短的也有 1 分 K 線、5 分 K 線，但原理是一致的。因為我的短線交易是採數日即完成一次交易，所以主要是看日線圖。在日線圖的組成上，各位讀者可以看出近期整體的股價趨勢。股價趨勢主要可分三種，多頭走勢、空頭走勢及區間盤整。

要先了解目前的走勢，才能研判目前的交易是要做多方還是空方，或是可區間來回操作。謹記，不要逆勢操作，前文有提到逆勢操作除了會降低勝率，也很可能造成極大的虧損，如明明目前的盤勢就是多頭走勢，但你硬要放空，就曾看過多個客戶這樣逆勢交易被嘎空；也曾看過在崩盤時猜測底部硬要做多，這在投資界俗稱「接刀子」，趨勢在空頭時可能會持續下殺，股價腰斬再腰斬，不知道到底會跌到哪裡，如力積電（6770）2021 年掛牌時最高到 78.9 元，但目前（2024 年 9 月）最低僅剩 19.1 元。

很多散戶投資人的想法是，個股已上漲那麼多了，不可能再漲了，所以放空；個股跌很多了，不可能再跌了，所以做多。但往往個股強勢的更強，弱勢的更弱，逆勢操作會造成重大虧損，投資時一定要避開這些重大虧損，不要刻意逆勢操作，一定要尊重趨勢。

◎ 多頭趨勢

從下圖可以明顯看出，台灣龍頭權值股台積電（2330）從 2024 年 1 月突破區間盤整後，就走了一波多頭走勢，一直到 8 月才有多頭趨勢改變的現象（在前文提到，個股多以階梯式走法，但整體趨勢仍可清楚看出方向）。

多頭範例 1：台積電（2330）

資料來源：台新超級智多星

光學影像大廠精湛（2070），其 K 線走勢可從下圖可看出，2024 年 7 月突破區間整理並且持續向上，於 8 月中再次突破新的區間再走一波多頭，9 月中再次突破。短短兩個半月，股價由突破前的 43.5 元，上漲到最高 122.5 元，如果於 2024 年初逆勢放空該個股，則會造成嚴重的虧損。

多頭範例 2：精湛（2070）

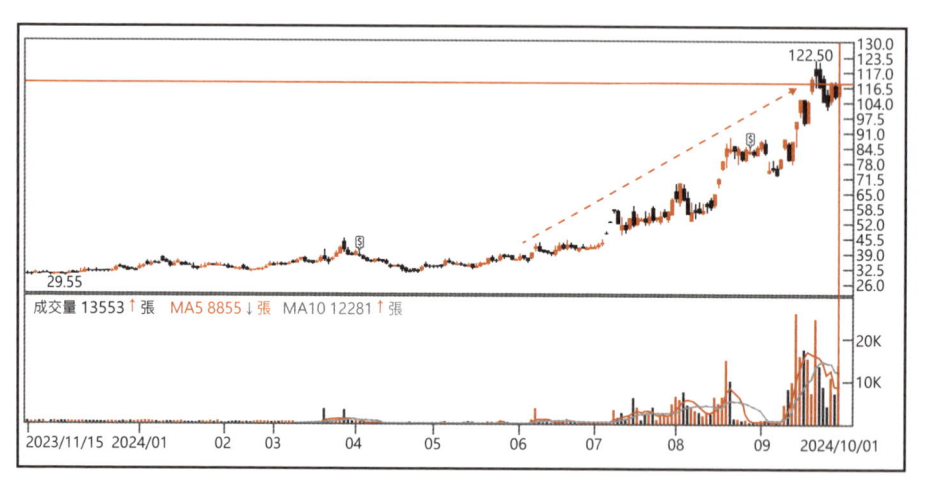

資料來源：台新超級智多星

◎ 空頭趨勢

由下圖看可看出，力積電（6770）2024 年整體走勢為空頭，不斷下跌後整理，再下跌跌破區間，雖於 2024 年 6 月到 7 月試圖振作改變趨勢，但是 2024 年 7 月 19 日跌破區間下緣，之後再走了一波空頭走勢，股價跌幅將近 39％。要知道 2024 年大盤加權指數可是多頭走勢格局，更於 2024 年 7 月創下了歷史新高 24,416 點。

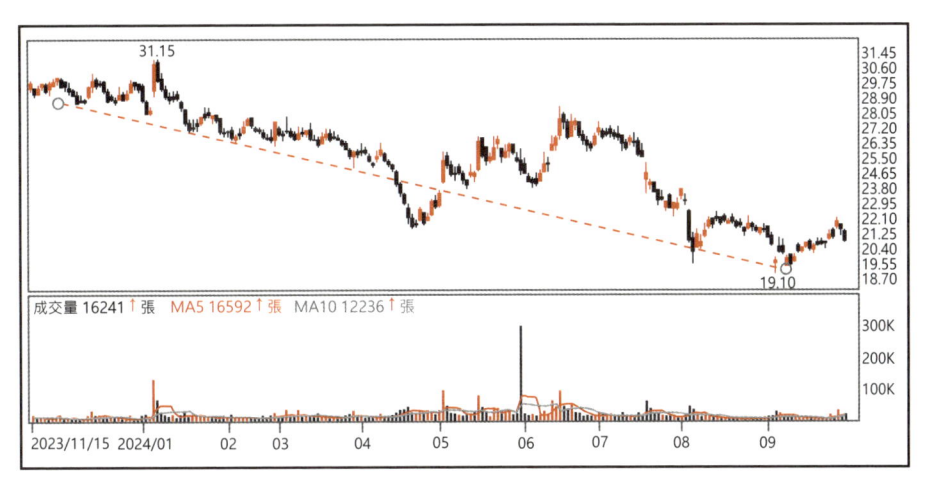

空頭範例：力積電（6770）

資料來源：台新超級智多星

◎ 區間盤整

　　區間盤整意味著股價在一定的區間中遊走，即不突破也不跌破，此類的案例較少，但可從下圖第一金（2892）的走勢圖看出，基本上 2024 年都在 26.4 到 28.9 區間，雖 7 月底有小幅度突破區間，但很快又回到這個區間範圍，像這類的個股就很適合來回操作，可由區間低點買進，並於區間高點時賣出。

區間盤整範例：第一金（2892）

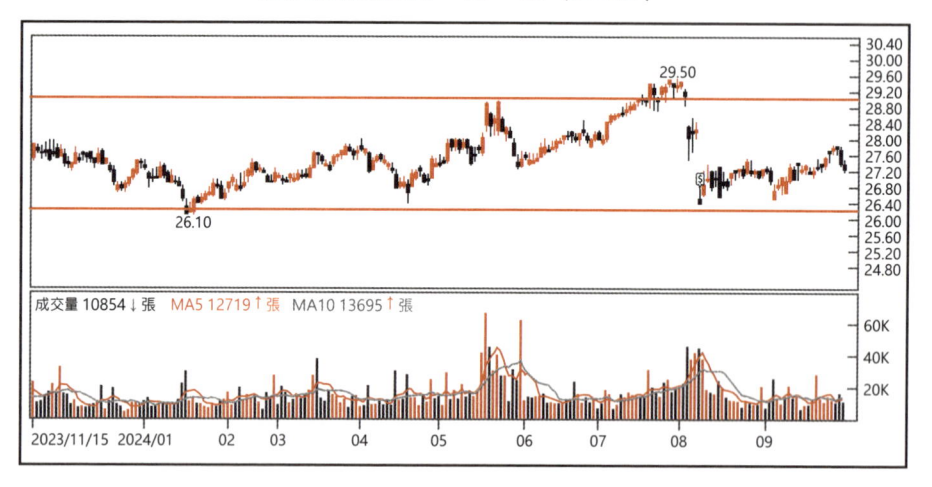

資料來源：台新超級智多星

判斷大盤的方向

前文有提到個股**趨勢**的重要性，同樣的大盤**趨勢**也非常重要，在順勢交易裡，當大盤處在多頭**趨勢**時，篩選的個股要以做多為主；如大盤處在空頭**趨勢**時，則以做空為主要交易策略，所以了解大盤多空**趨勢**是非常重要的。

有兩種方式可以研判大盤的方向，分別為**觀察大盤的 K 線圖走勢**，以及**外資期貨未平倉量**，研判大盤的**趨勢**。

◎ 加權指數技術分析

下圖為 2024 年 1 月到 9 月走勢圖，可清楚看出加權指數從 1 月到 7 月中都是強勢的多頭**趨勢**，直到 7 月 22 日長黑 K 棒跌破了區間低點，整體**趨勢**就改變了。之後加權指數呈現一個大區間的狀態，區間範圍約在 21,000 到 22,500 點。既然大盤處在區間的狀態下，則大盤上漲到區間上緣時要特別小心，甚至應該先避開；到區間下緣時，再開始重新找尋進場買點。

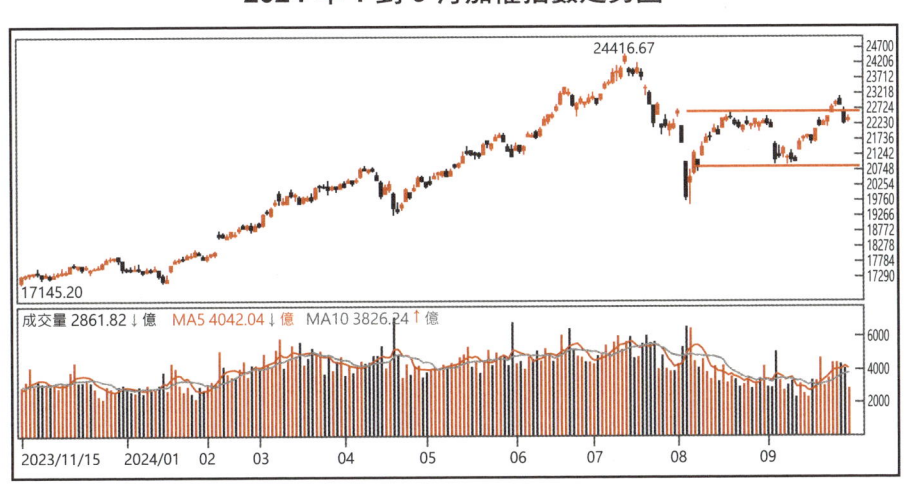

2024 年 1 到 9 月加權指數走勢圖

資料來源：台新超級智多星

◎ 外資期貨未平倉量

　　在投資市場上有許多主力，有個人的，也有法人的，其中最有影響力的主力是三大法人，就是讀者常聽到的外資、投信及自營商。

　　這邊所說的主力是可撼動特定個股或商品的個人或法人，三大法人皆可影響特定的市場狀況或商品。其中影響最大的是外資，因外資的資金規模是台灣投資市場最大的，其交易占比及財力，絕對不是一般國內投資機構可比擬的。且台灣加權指數是所有上市個股的加權總和，所以外資的動向就是影響大盤走勢一個很重大的因素。

> **外資**
> 指的是國外的公司、投資機構或基金，透過券商在台灣的證交所進行買賣交易，為目前台灣交易市場資金規模占比最大的資金。因外資資金規模大，考量進出的流動性風險，多以權值股為主要交易標的。
>
> **權值股**
> 指影響台灣加權指數較大、股本較大的公司。

為什麼要參考外資的期貨未平倉量呢？因為期貨是大盤的先行指標，所以可從外資在期貨市場的布局，預測大盤未來可能的動向。

外資法人資金規模大到能控制台灣加權指數走向，所以外資知道自己若開始買進台股，台灣股市指數勢必因此開始上漲，外資會先於期貨市場上布局多單；相反的，如果市場漲到一個階段，外資要開始獲利了結，賣出股票，會導致台灣股市指數走跌，則外資則會在期貨市場上開始布局空單。一般外資法人在期貨布局時都是分批、持續布局，所以當外資未平倉多單口數或空單口數出現異常高水位的時候，就要特別留意，代表短時間內股市可能會發生反轉。

從外資未平倉走勢圖發現，外資於 2024 年台灣加權指數不斷創新高時，空單未平倉口數也持續性大幅度增加。當 2024 年 7 月 11 日加權指數來到了歷史新高 24,416 點，但外資未平倉空單口數，則來到了 35,249 口的高水位，之後台灣加權指數從 24,415 點一路下跌至 19,783 點，整整跌掉了 4,632 點。

外資期貨未平倉口數走勢圖

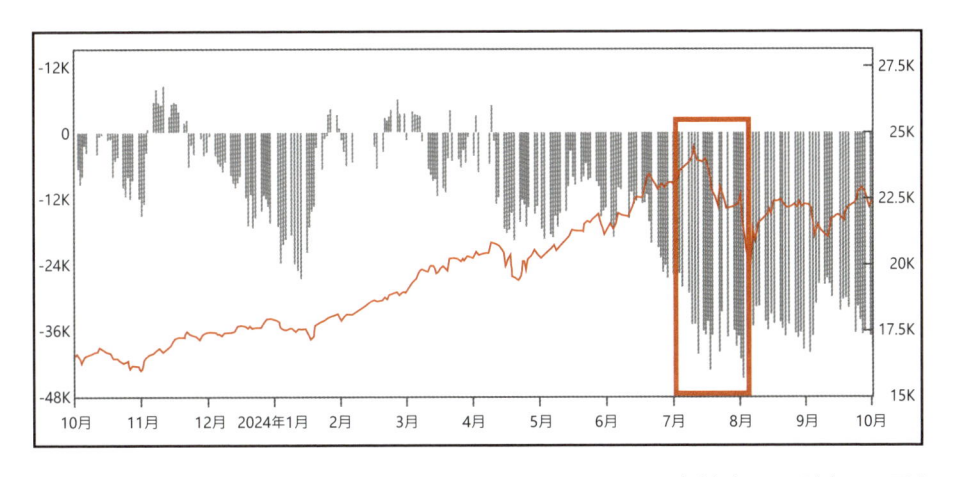

資料來源：財經 M 平方

外資未平倉空單口數於 2024 年 8 月 1 日來到了歷史新高 42,342 口，次日 8 月 2 日大盤下跌 1,004 點，創下當時台灣加權指數當日最大跌點；再下一個交易日 8 月 5 日，大盤再度下 1,807 點，再度刷新單日最大跌點，僅僅兩日就跌掉了 2,811 點。如果平時有觀察外資未平倉口數的變化，就應有警惕，可避開此次大幅度下跌。

> **外資期貨未平倉口數查詢：**
> 至期貨交易所網站→交易資訊→三大法人→查詢→區分各期貨契約→依日期即可查詢。當日外資的未平倉口數會在下午 3：30 左右，就可以在期貨交易所查詢到了。

外資期貨未平倉口數查詢

商品名稱	身分別	交易口數與契約金額						未平倉餘額				
		多方		空方		多空淨額		多方		空方		多空淨額	
		口數	契約金額	口數	契約金額	口數	契約金額	口數	契約金額	口數	契約金額	口數	契約金額
台股期貨	自營商	9,717	43,861,663	9,359	42,266,396	358	1,595,266	7,351	33,321,617	9,859	44,696,766	-2,508	-11,375,149
	投信	1,874	8,489,285	87	393,873	1,787	8,095,412	30,787	139,526,684	6,051	27,423,132	24,736	112,103,552
	外資	83,125	375,097,271	87,550	395,078,423	-4,425	-19,981,152	19,247	87,233,252	60,589	274,600,781	-41,342	-187,367,529

資料來源：期貨交易所

如讀者覺得每日上期交所查詢很麻煩，台新期貨每日都會提供以下的期貨資訊供投資人參考，裡面也有附上三大法人的未平倉口數，可請營業員每日傳給你（如下圖）。

台新期貨每日提供的期貨資訊

加權指數	收盤價 22,390.39	漲跌點 165.85	漲跌% 0.75%
三大法人 現貨買賣超淨額 (億元)	自營商 -56.30	投信 14.47 合計:-134.91	外資 -93.08

台指期貨	月份	收盤價	漲跌點	漲跌%
	TX202410	22,391	▲65	▲0.29%
	TX202411	22,404	▲51	▲0.23%

三大法人 台指期(TX)		淨交易口數	淨未平倉口數
	自營商	187	-759
	投信	159	24,890
	外資	-1,297	-39,479

三大法人 台指選擇權 CALL		買方交易口數	賣方交易口數	淨未平倉口數
	自營商	97,756	100,752	-1,506
	投信	0	0	-400
	外資	87,813	87,576	8,127

三大法人 台指選擇權 PUT		買方交易口數	賣方交易口數	淨未平倉口數
	自營商	92,293	89,889	1,081
	投信	0	0	0
	外資	100,677	100,335	6,469

散戶微台	淨未平倉口數 9,650 散戶微台多單 30,043	多空比 30.21% 散戶微台空單 20,303

資料來源：台新期貨

　　讀者可能會發現，指數並不會在外資一布局多單或空單，就馬上朝那個方向走，外資通常會布局一段時間後，才開始往其布局的方向走。例如空單雖早在 2024 年初即開始布局，但口數都還不算大，一直到 7 月開始暴增空單口數，之後指數就開始暴跌。所以此數據是要每日觀察它的變化，如果未平倉口數朝多單或空單大幅度持續增加，就要有戒心大盤可能會有變化。

支撐與壓力

在股票交易上,支撐與壓力是經常探討的主題,主要是找到股價的支撐點及壓力區,這樣在操作上才有依據。所以如何掌握股價支撐、壓力就相當重要。而此篇探討支撐與壓力的工具有兩種,一種是技術型態,另一種則是價量累計。

什麼是支撐與壓力?

支撐,指的是股票在回檔下跌時,買盤力道相對強勁的價格位置。通常股價回檔到一定的價格時,投資人會判斷股價已經達到一個合理的位置,或具有投資價值,進而開始買進,支撐了股價。

壓力,指的則是股票在上漲時,賣盤力道相對強勁的價格位置。通常股價上漲到一定階段後,投資人可能會覺得過熱,或股價高出其公司價值,而賣出股票,讓該股票賣壓形成壓力,壓抑了股票價格的上漲。另外,股價在上漲時,遇到之前因回檔造成的大量套牢區,所以形成了賣壓較大的價格區域。

支撐與壓力有一個特性,當壓力被突破時,原本的壓力區就會轉變成支撐區,因大量買盤突破了原本的賣壓區,原本的賣壓區變成大量的投資人買進區域,所以壓力轉變為支撐。反之,當支撐區被跌破時,則會轉變為壓力區,因原本的支撐區被大量賣壓跌破,支撐區變成大量的套牢區,所以當支撐跌破時即變成壓力。

◎ 技術型態的支撐與壓力

技術型態的支撐與壓力有很多類型,有以移動平均線為主、以均線為支撐線來進行交易,有些則以形態學中的頸線為主,如 W 底、頭肩頂等形態學的頸線位置,其他包含了趨勢線、K 棒的跳空缺口,或最大成交量 K 棒等。

而我們使用的則簡單得多,前文已有提到,個股的走勢多是以階梯式

進行，不管是多頭走勢或空頭走勢，階梯式的區間整理，是我們要找尋的支撐與壓力。簡單來說，股票在整理期都會在一個區間裡來回遊走，此區間的最高點是上緣線（壓力線），而此區間的最低點則為下緣線（支撐線）。而當股價突破或跌破區間時，就是我們的機會，因為這時都會有一小波漲幅或跌幅（有時會有一大波），且都在幾天內完成，這也是短線交易需要的。

我以台積電為範例，畢竟這是最多人知道的股票，從下圖可以看出，台積電在2023年11月28日到2024年1月18日前，基本上就在一個區間內來回。所以這時只需將區間的最高點畫出一條平行線，區間的最低點也畫出一條平行線，支撐與壓力線就一目了然，這也形成台積電起漲前的第一個區間。

有些投資人會依股價區間來回操作個股，直到區間被突破或跌破，針對慣性走區間的個股，是非常好的投資模式，例如金融類股就常慣性地走區間，這類股也代表其所屬產業，是屬於獲利較為穩定，非爆炸性成長的狀態。

技術型態的支撐與壓力範例1：台積電（2330）

資料來源：台新超級智多星

由上圖可知，台積電直到1月19日突破區間上緣時，結束了區間整理，而突破區間後開始了第一段的上漲，並於上漲後形成了第二個區間（如下圖）。

技術型態的支撐與壓力範例 2：台積電（2330）

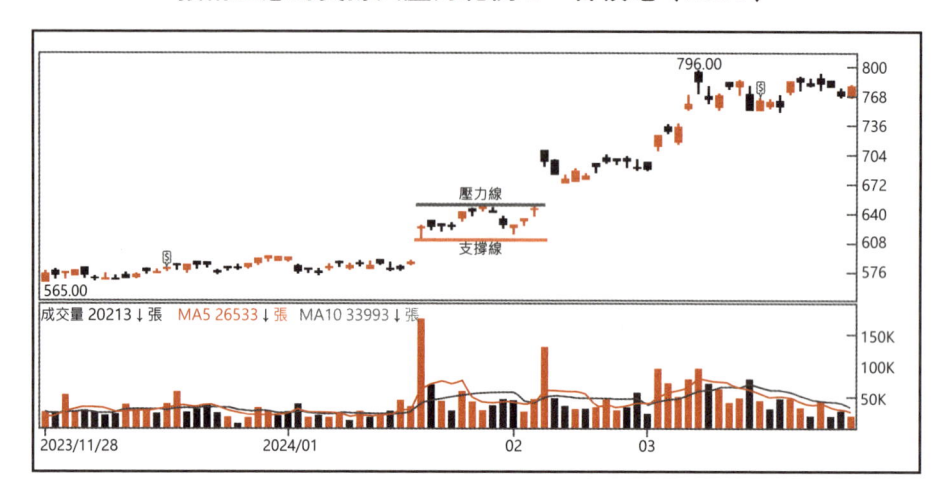

資料來源：台新超級智多星

　　所以在一檔股票上漲時，就可以在每個區間找尋支撐與壓力，並於每次突破時找尋獲利交易的機會。這樣周而復始，直到區間壓力線不再被突破，轉而跌破區間的支撐線，這代表這個波段結束。

如下圖可見，台積電（2330）在創新高 1,080 元後，未再突破這個價位，反而於 7 月 19 日跌破最後一個區間的支撐線，這代表台積電此波的多頭波走勢結束，未來可能會轉空或轉橫向整理。

技術型態的支撐與壓力範例 3：台積電（2330）

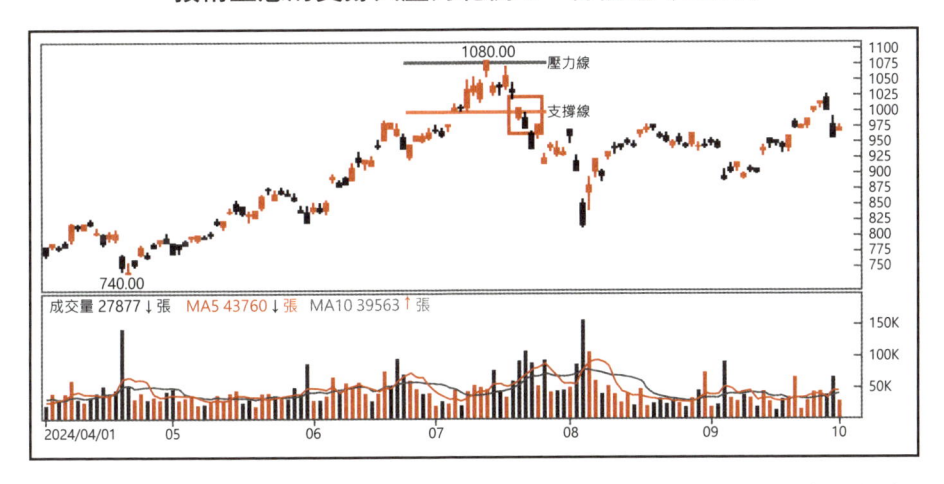

資料來源：台新超級智多星

◎ 價量累計圖

在技術分析的世界裡我們常會說：價量同樣重要。價格可以騙人，但是量不行，所以成交量亦是我們參考的重要指標。而股票在一定價位的累計成交量，則成為支撐與壓力的參考依據；而在某時間或之後，區間特定的最大成交量是我們要找尋的支撐與壓力，價量累計圖則是協助快速找到答案的分析工具。

價量累計圖是在一定時間內各個股價成交量的累計分布圖，一般多在 K 線圖中的橫向表示，並以橫向柱狀圖的長短顯示成交量的多寡。當價格區域累計的成交量越大、越多，則橫向柱狀圖長度越長；當價格區域累計的成交量越小、越少，則橫向的柱狀圖長度越短。

當股價在價量累計圖最大成交量之下，則股價區域最大成交量為壓力。

當價量累計圖裡最大累計成交量在目前的股價之上，代表股價在往上碰到該區域時，這些成交量都是大量的套牢賣壓，要突破需要更大的成交量，所以在被突破之前，視此最大量的價格區域為壓力。

當股價在價量累計圖最大成交量之上，則股價區域最大成交量為支撐。

當價量累計圖裡最大累計成交量在目前的股價之下，代表股價在下跌回檔碰到該區域時，這些成交量都是大量的支撐力道，代表大量投資人（含主力）當初買進的區域，要跌破需要更大量的賣壓，所以在被跌破之前，視此最大量的價格區域為支撐。

因為個人在實戰操作上主要以短線交易為主，所以看的價量累計圖區間為 3 至 4 個月，主要是看近一季的壓力跟支撐在哪，以利看出在短線交易上要注意的點位。

> 各大券商軟體幾乎都有價量累計圖的功能，以台新超級智多星為例，可從技術分析裡的 K 線圖中按滑鼠右鍵，並選擇主圖指標，再選擇價量累計圖即可。

從下圖可看出，千附（6829）近 4 個月的最大成交量區域在 121 到 126 元，股價也於最大量區獲得支撐（拉回時會跌破）。此大量區則視為重要的股價支撐區域，如跌破該區域則會轉為壓力，所以股價不可跌破此價格區域。

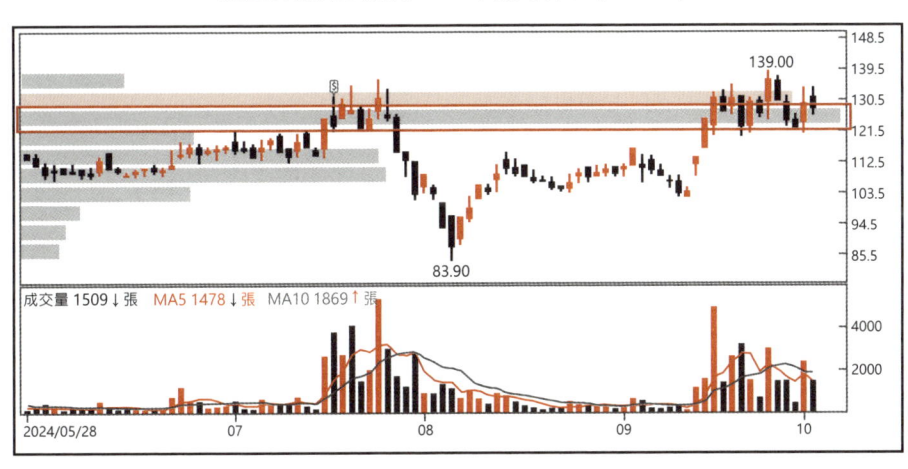

價量累計圖範例 1：千附精密（6829）

資料來源：台新超級智多星

鴻海一直是投資人熱愛的權值股之一，從價量累計圖可看出，鴻海在 170 到 176 之間的價格區域，是近 4 個月的最大成交量區，股價也在此獲得了支撐，之後就逐步往上。

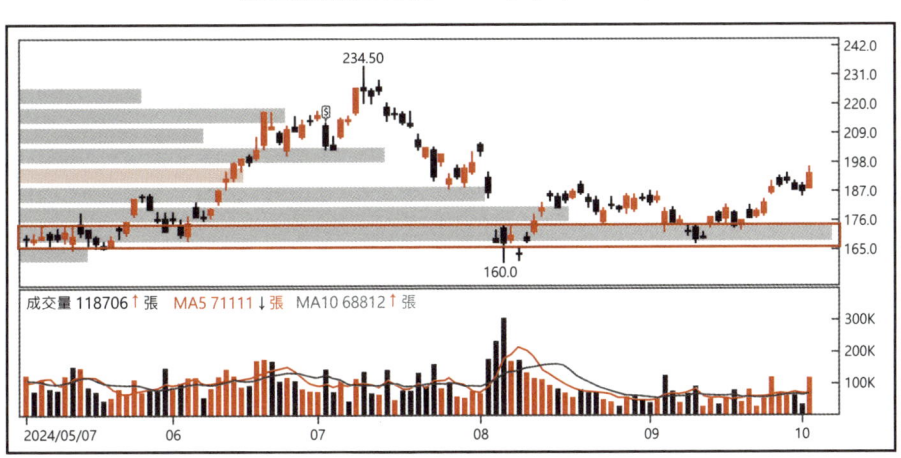

價量累計圖範例 2：鴻海（2317）

資料來源：台新超級智多星

電子零組大廠良維（6290），可從下面的價量累計圖看出，近 4 個月最大量區在 90 到 93 元股價區域。而良維在 2024 年 9 月中時，股價上漲至最高 89 元後，即遇到重大壓力，無法再將股價推升，股價就開始回檔。價量累計圖能協助讀者快速判斷股價的壓力與支撐區間，讓自己的操作策略更有依據方向。

價量累計圖範例 3：良維（6290）

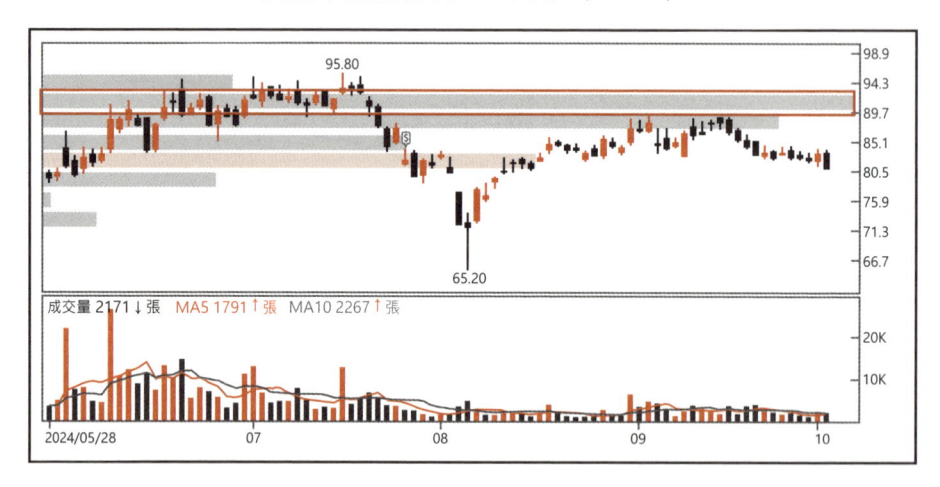

資料來源：台新超級智多星

價量累計圖並不只局限用在個股，讀者也可以運用在大盤加權指數，藉由價量累計圖找到大盤的支撐與壓力，進而研判大盤的走向。從下圖可知，加權指數最大成交量區域在 22,050 到 22,500 之間，大盤回測此大量區間，此區間為加權指數的支撐區域，但如未來跌破此區間，則此區間會轉變成壓力區域（此圖為 2024 年 10 月 4 日資料）。

價量累計圖範例 4：台灣加權指數

資料來源：台新超級智多星

3 大技術指標

技術指標是指透過追蹤股價、漲跌及成交量等資訊，進而系統化為技術分析的運用指標。技術指標的特點在於它簡化了許多資料，如過去股價的走勢、漲跌幅等，技術分析的使用者相信所有資訊已反映在股價上，且股價的歷史模式是會重複的，所以可以透過技術指標來找到股價的規律及模式。簡單來說，技術分析指標是技術分析的輔助工具，在操作上能協助投資人快速辨別此時是否為買進或賣出時機，或該個股處在超買或超賣階段。

在我的短線交易策略裡，一般會運用三種基本指標，三種都是耳熟能詳的，分別為 KD、MACD 及布林通道。三種指標各有其優缺點，但綜合運用可以互補，且可增加選股勝率，在短線交易上比僅用單一指標勝率更高。在此請大家簡單學習一下這三個指標，定義及公式不需要牢記，僅須記得如何運用及指標的特性就可以了。

◎ 指標 1：KD 指標

KD 指標是最廣為人知的指標之一，也是最常被投資人運用的指標，指標主要是由一定時間的最高價及最低價為基礎研發出的指標，發明者為喬治・萊恩（George Lane），於 1950 年時發明的（看看都隔了 74 年了，依然是最多人使用的指標）。

KD 指標又稱為隨機指標（Stochastic Oscillator），萊恩觀察到股價上漲時，當日收盤價總是朝向當日價格波動最高價接近；反之，當股價下跌時，當日收盤價總是朝向當日價格波動最低價接近，進而利用其最高及最低價變化計算出 K 值及 D 值，並利用兩值來判斷目前價格相對過去一段時間的高低變化。

KD 值公式

$$\text{今天的 K 值} = \frac{2}{3} \times \text{昨天的 K 值} + \frac{1}{3} \times \text{今天的 RSV}$$

$$\text{今天的 D 值} = \frac{2}{3} \times \text{昨天的 D 值} + \frac{1}{3} \times \text{今天的 K 值}$$

資料來源：CMoney

RSV（Raw Stochastic Value）的中文叫「未成熟隨機值」，其意義是「以最近 N 天為基準，今天的股價是強還是弱」。

RSV 公式

$$RSV = \frac{\text{今日收盤價} - \text{最近N天最低價}}{\text{最近N天最高價} - \text{最近N天最低價}} \times 100$$

代表最近N天內，當天股價是 強勢 還是 弱勢

資料來源：CMoney

RSV 天數參數多是以 9 天及 14 天為比較，其實要設定多少天數可依據個人操作期間為基準，並無一定準則。以 9 天為例，就是把「9 天內的股價總波動」當分母，「當天收盤價」跟「9 天內最低價」的差當作分子，來衡量當天股價收盤價在這 9 天內，股價處於強勢還是弱勢。

K 值

　　K 值為「快速平均值」，又稱快線。由上述公式可知，今天的 K 值是將昨天 K 值和今天 RSV 加權平均的結果，所以對股價變化的反應較敏感、快速。

D 值

　　D 值為「慢速平均值」，又稱慢線。由上述公式可知，今天的 D 值是將昨天 D 值和今天 K 值再加權平均一次的結果，經過兩次平均後，今日股價對 D 值的影響就比較小，所以 D 值對股價變化的反應較不敏感。

　　由上述可知，K 值及 D 值代表的是股價的變化速度，K 值是快速的，D 則是較慢的，但兩者皆處於 0 到 100 之間。

◎ KD 值的運用

當 K 值與 D 值朝同一個趨勢走向，K 值波動會比 D 值大。如前述所知，K 值較 D 值反應更為靈敏，所以當 K 值與 D 值交叉時，就會產生比較明確的買進或賣出訊號。

KD 黃金交叉：建議買進

當 K 值從低檔往上突破 D 值的時候，被稱為黃金交叉，一般認為短期可能有機會轉折從低點向上漲。

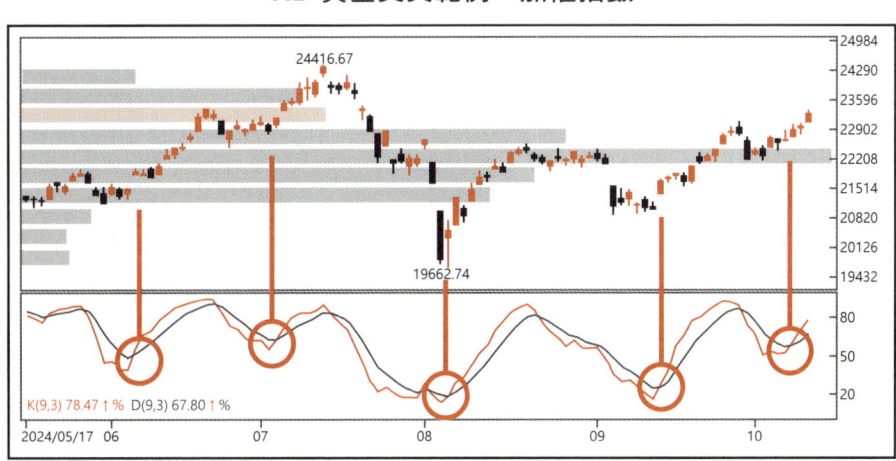

KD 黃金交叉範例：加權指數

資料來源：台新超級智多星

由上圖可知，當 K 值交叉向上穿過 D 值時的黃金交叉，加權指數後來皆有一小段漲幅。

KD 死亡交叉：建議賣出

當 K 值從高檔往下跌破 D 值時，被視為死亡交叉，一般認為短期可能有機會轉折從高檔向下跌。

KD 死亡交叉範例：加權指數

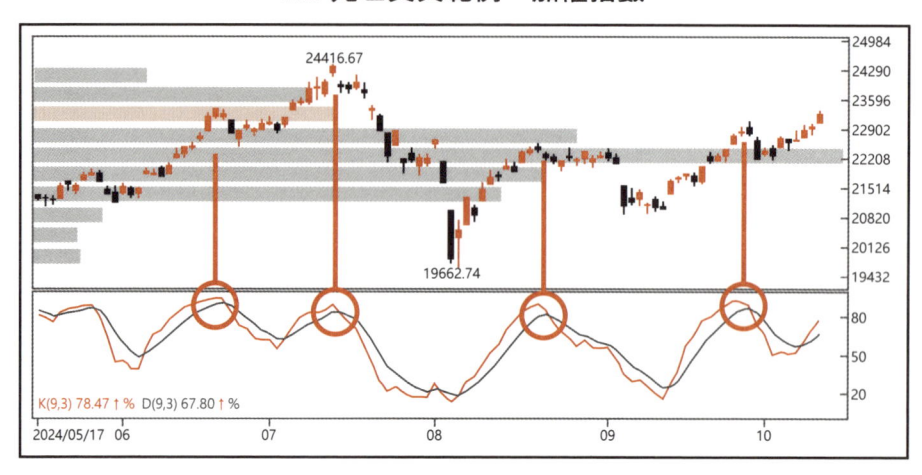

資料來源：台新超級智多星

　　由上圖可知，當 K 值交叉向下穿過 D 值時，呈現死亡交叉，短線上加權指數皆有一小波回檔。

經過簡單的 KD 介紹，讀者應可簡單運用 KD 指標找進出場點；但因 KD 的參數天數較短，且波動較為敏感，故 KD 適合拿來作為短線交易的技術指標，並不適合拿來做中長期波段。

　　KD 指標的運用，基本定義為黃金交叉買進，死亡交叉賣出。但我實際運用時，個股處在多頭趨勢時，較少參考死亡交叉，因為多頭走勢時出現死亡交叉多為短線股價修正，回檔幅度都不大，常在死亡交叉後沒多久，馬上再交叉向上進攻。

　　反之，在空頭趨勢下，我也很少參考黃金交叉。一般來說，黃金交叉在空頭趨勢下被視為反彈，通常反彈沒多久後，又再次交叉向下，股價再度往下跌。所以讀者可以發現，即使運用技術指標，也要順趨勢操作。

◎ 指標 2：MACD 指標

MACD 指的是指數平滑異同移動平均線（Moving Average Convergence／Divergence，簡稱 MACD），也是常見的技術指標，是杰拉爾德‧阿佩爾（Gerald Appel）於 1970 年發明，主要用於研判股票價格變化的強度、方向以及趨勢，並找出股價支撐與壓力，以及波段的轉折。

MACD 指標由一組曲線與圖形（柱狀圖）所組成，透過收盤時股價或指數的快變及慢變的指數移動平均值（EMA）之間的差計算出來。

指數平滑移動平均線（EMA）

股價每日都在變動，如果把每天的股價平均計算，就會很常發生只要當中幾天的股價漲跌幅波動較大，移動平均的數值就會被影響。依交易重要性來說，近期發生的數據應該比較重要，應該用較大的比重計算。而 EMA 就是依據不同天，用不同的權重計算出來的。

離差值（DIF）

離差值（DIF）是利用短期與長期的指數移動平均相減計算出來的。

最常使用的天數參數為短期 12 日，長期 26 日。

先計算離差值（DIF）

$$DIF=EMA(12)-EMA(26)$$

12日指數移動平均線　26日指數移動平均線

就是 2 條不同天期的EMA相減

資料來源：CMoney

計算出 DIF 後，再取 DIF 的移動平均，就是 MACD 線。

註：通常 DIF 的天數參數多以 9 日移動平均。

再取離差值 9 日移動平均，就是 MACD 線

$$MACD=EMA(DIF,9)$$

DIF的9日指數移動平均線

用DIF 再取一次移動平均

資料來源：CMoney

最後，MACD 指標由 DIF 與 MACD 兩條線組成。DIF（快線）短期，判斷股價趨勢的變化；MACD（慢線）長期，判斷股價大趨勢（波段）。之後又加入柱狀圖，MACD 柱狀圖（MACD Histogram）其計算方式為 MACD 快線與慢線之間的差值。柱狀圖主要用來表示快線與慢線之間的差距和波段趨勢的變化，柱狀圖的長短代表其價格的動能強與弱，柱狀圖越長，代表其股價動能越強勢。

當 DIF 與 MACD 交叉，代表趨勢發生轉變，故 MACD 指標是判斷股價波段走勢的重要指標。

◎ MACD 指標運用

大致了解 MACD 的由來後，可用快線及慢線的交叉和柱狀圖，這兩種方式來看出買進及賣出訊號。

MACD 黃金交叉（買進訊號）

MACD 的黃金交叉即買進訊號，當快線（DIF）向上突破慢線（MACD）為黃金交叉。

MACD 死亡交叉（賣出訊號）

MACD 的死亡交叉即賣出訊號，當快線（DIF）向下跌破慢線（MACD）為死亡交叉。

用快慢線判斷買進或賣出

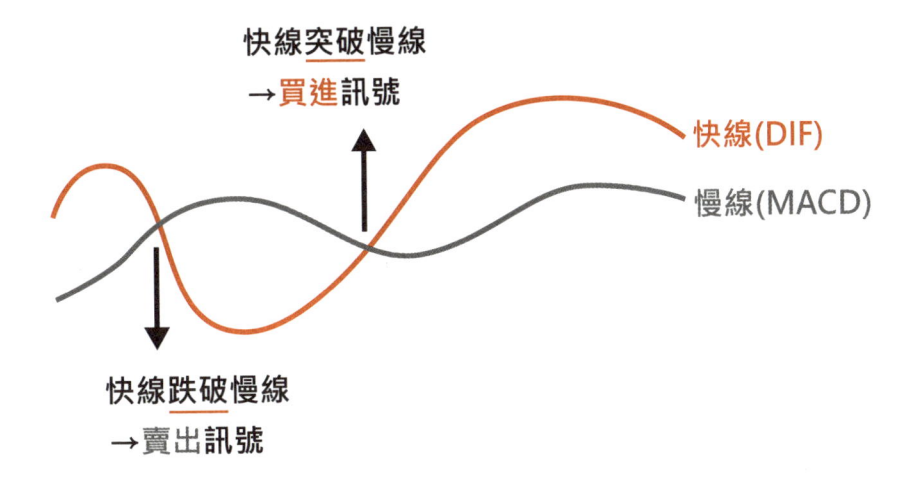

快線突破慢線
→買進訊號

快線(DIF)
慢線(MACD)

快線跌破慢線
→賣出訊號

資料來源：理財寶

台積電（2330）MACD 黃金交叉

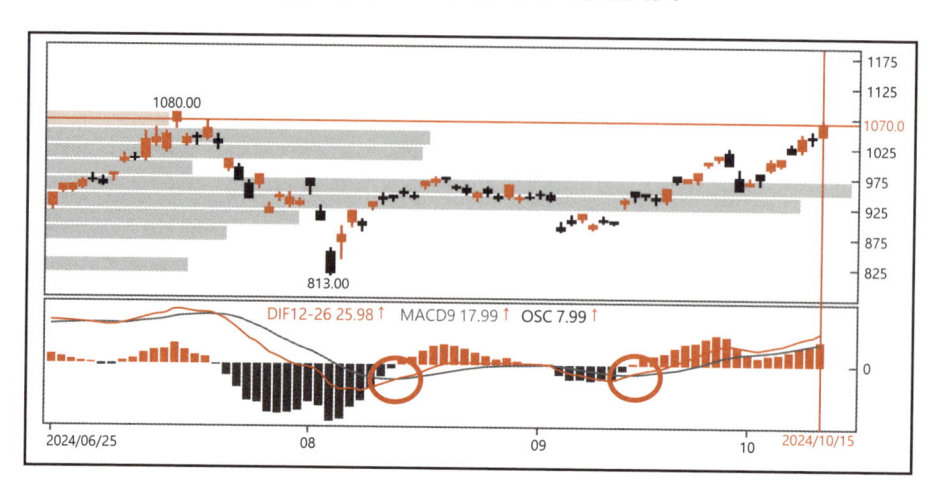

資料來源：台新超級智多星

　　由上圖可知，MACD 黃金交叉訊號出現後，台積電都有一個波段漲幅，且 4 個月僅出現兩次黃金交叉，所以 MACD 黃金交叉訊號並不常出現，一般都是一個波段的開始才會有訊號。

長榮（2603）MACD 死亡交叉

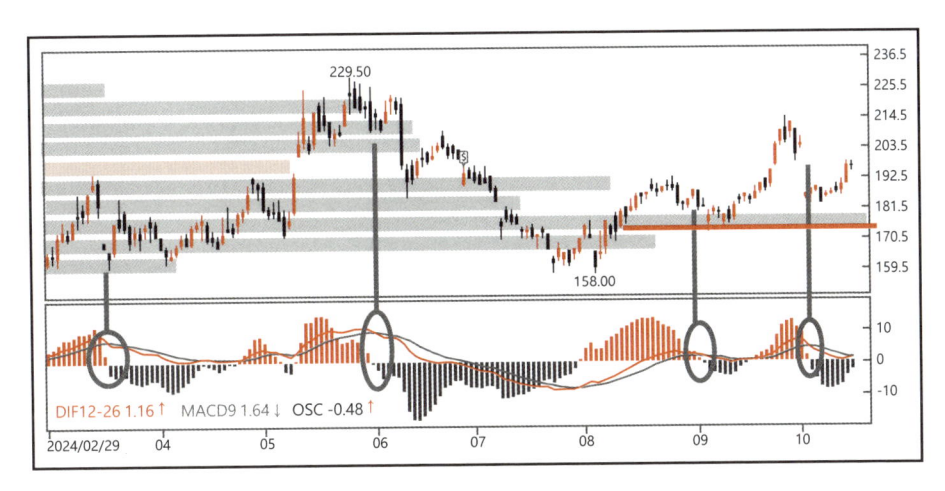

資料來源：台新超級智多星

長榮是 2022 到 2024 年非常熱門的個股，造就了許多航海王及少年股神。以上圖為例，可以看出 MACD 死亡交叉出現時，也會有一波較明顯的跌幅，但 2024 年 9 月 MACD 死亡交叉出現時，股價雖有回檔，但可以發現價量累計圖最大量區，剛好在回檔區下方不遠處，所以股價在小幅度回檔後獲得支撐，不再跌破。之後 9 月中又出現 MACD 黃金交叉，股價則再度往上。

會以此個股作為範例，是要讓讀者明白，不能以單一指標作為買進賣出依據。每個指標都有其意義及計算方式，都有其優缺點，運用指標時，仍要搭配其他工具，才能突破盲點，增進交易勝率。

MACD 柱狀圖買賣點（DIF－MACD）

柱狀圖代表其 DIF 及 MACD 之間的差距，當其差距轉正數或負數，即代表買進及賣出訊號。

買進訊號：柱狀圖由負轉正

賣出訊號：柱狀圖由正轉負

用 MACD 柱狀圖判斷買賣點

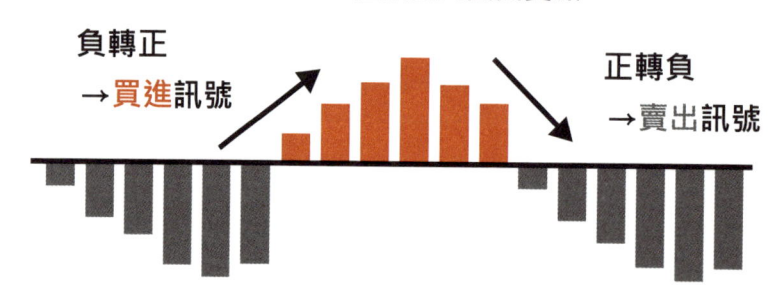

負轉正
→買進訊號

正轉負
→賣出訊號

資料來源：理財寶

MACD 的運用非常簡單，只要記得 MACD 的兩條線，快線（DIF）向上交叉慢線（MACD），即代表買進訊號，向下交叉則為賣出訊號；柱狀圖由灰色變紅色即為買進訊號，紅色變灰色就是賣出訊號。

讀者會發現，技術指標大多會以交叉作為買進及賣出的依據，所以就算指標很多，只要會看黃金交叉及死亡交叉就可以了。但要了解，每個指標代表的意義不一樣，MACD 代表的是波段指標，代表一個長或短波段開始或結束，是適合拿來研判個股中長期趨勢的指標。

但因為 MACD 實在太慢了，很多投資人並不喜歡。而較有耐心的投資人可以發現，MACD 的效率其實並不差，這也是為什麼會把它納入我運用的指標裡。

◎ 指標 3：布林通道

布林通道（Bollinger Bands，簡稱 BBand 軌道線）也稱為布林帶、保力加通道、包寧傑帶狀，或布歷加通道。此技術指標是由美國作家及金融分析師約翰・包寧傑（John Bollinger）於 1980 年代發明的技術分析工具。透過布林通道可看到股價或商品的價格，會隨著時間在一定的區間內波動。

該技術指標綜合了移動平均和統計學標準差（是統計學中一組數值，自平均值分散開來程度的一種測量觀念）的概念。其型態是由三條軌道線所組成的帶狀通道（中軌、上軌、下軌），「中軌」為股價的平均成本一般為 20MA（月線），「上軌」和「下軌」可分別視為股價的壓力線和支撐線，所以股價基本上會於上軌及下軌之間波動。

布林通道的定義：
- 帶狀上限＝帶狀中心線＋2個標準差
- 帶狀中心線＝一段時間的移動平均線（一般使用 20 MA）
- 帶狀下限＝帶狀中心線－2個標準差

三條軌道線的運用

簡單說，布林通道三條軌道線，中間為 20MA 均線，視為平均價格；上軌是股價的壓力，股價碰到此線後一般會回檔；下軌則是支撐，股價來到此線時一般會獲得支撐。

- 中軌道＝平均價格
- 上軌＝股價的壓力線
- 下軌＝股價的支撐線

一般來說，布林通道多運用在區間箱型操作，讀者可以發現此技術指標的定義：布林通道的上軌及下軌為統計學上的正負 2 個標準差，由下圖可知，正負 2 個標準差代表了統計學上常態的分配，股價有 95.4％的機率在此區間中波動。

正負 2 個標準代表統計學的常態分配

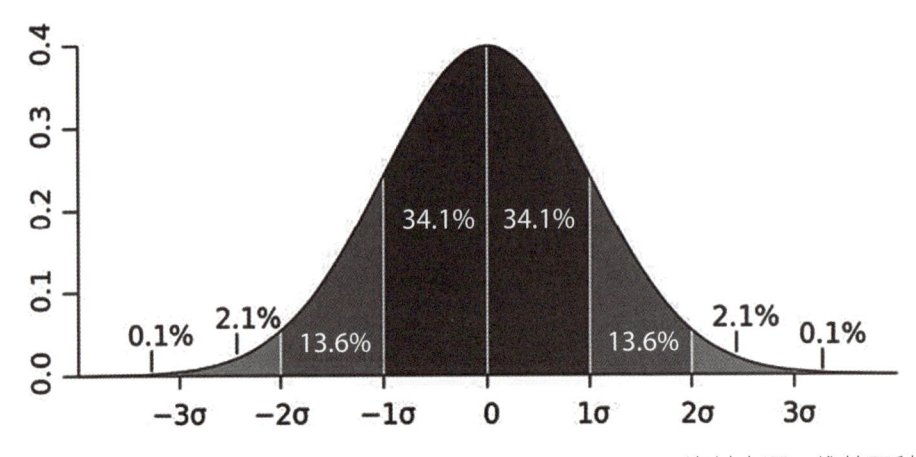

資料來源：維基百科

布林通道範例 1：富邦金（2881）

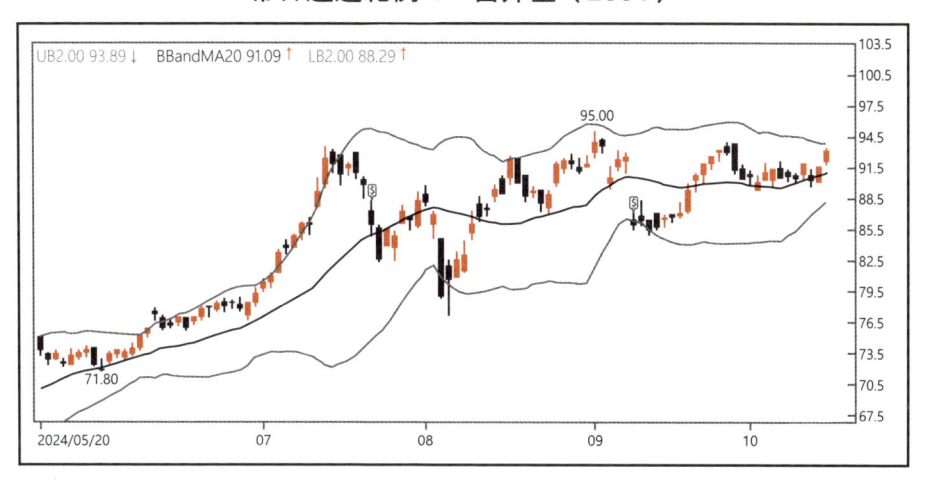

資料來源：台新超級智多星

　　布林通道是非常適合金融股的技術分析工具，因金融股的區間穩定性是最高的。此範例為金控獲利王富邦金（2881），從上圖看可出富邦金皆於布林通道軌道線內移動，於 2024 年 8 月碰到下軌時，獲得支撐，股價不久後就向上；於 9 月初時碰到上軌，不久後則下跌，股價幾乎都在區間內波動。

每個產業及個股的股性都不太一樣，一般來說金融股較為穩定（獲利、股價波動及配股配息等，都較其他產業來得穩定），所以股價波動也較為有規律；科技類股較具有爆發力，如 AI 相關個股，營收有可能因特定的發明或技術而突然爆發，股價相對較為活潑，波動也大。而布林通道的定義適合區間箱型操作，所以股價波動過大的個股，就比較不適合。

但不代表不能把布林通道運用在其他類股，布林通道說明股價多於區間內移動，所以當碰到上軌道時，應先行賣出，碰到下軌道時，則是買進的時機；但讀者會發現，在碰到強勢多頭或空頭趨勢時，布林通道似乎會讓投資人過早賣出個股，或過早買進個股，這就是理論跟實際運用的差別。

在實際交易上，當股價突破布林通道上軌或跌破下軌時，並不一定就是賣出或買進訊號。要記得一點，在正負 2 個標準差有 95.4％的機率，股價會在上軌及下軌之間，但股價既然能突破上軌或跌破下軌，就代表了另一層的意義：股價的區間波動慣性改變了，對我來說就是 4.6％的機率出現了，這通常代表一個新的波段的開始。

布林通道範例 2：鴻海（2317）

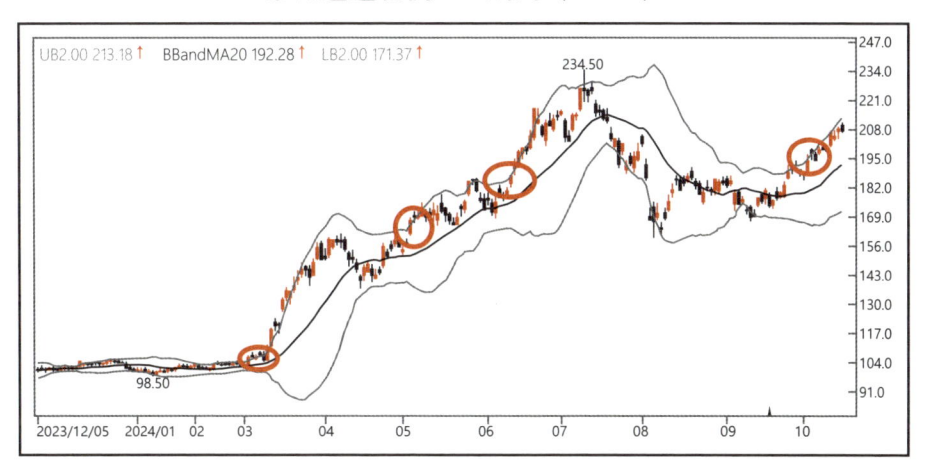

資料來源： 台新超級智多星

　　由上圖可看出，鴻海（2317）2024 年多次突破布林通道的上軌，股價仍持續上攻。鴻海在 3 月中股價突破布林通道上軌前，股價處於一個區間波動的狀態（代表當時股價處於慣性 95.4％的機率），之後股價突破上軌道線後，就強勢持續往上攻，這也代表了股價突破上軌時，改變股價慣性的 4.6％機率出現了，代表鴻海新的波段開始了，股價則呈現一波強勢的多頭波段走勢。

　　分享一個小經驗，並不是每次突破上軌或跌破下軌，就買進或賣出，要先觀察突破或跌破前布林通道的型態，一般來說，上軌跟下軌已經打開，且為同方向，建議不要介入。最好的型態為股價在突破上軌或跌破下軌前，上軌跟下軌皆處於橫向型態，並持續一陣子，在突破或跌破時，呈現所謂「開口笑」（上軌往上，下軌往下）的型態，就我的經驗觀察，此種型態最容易走出一個波段。

布林通道範例 3：鴻海（2317）

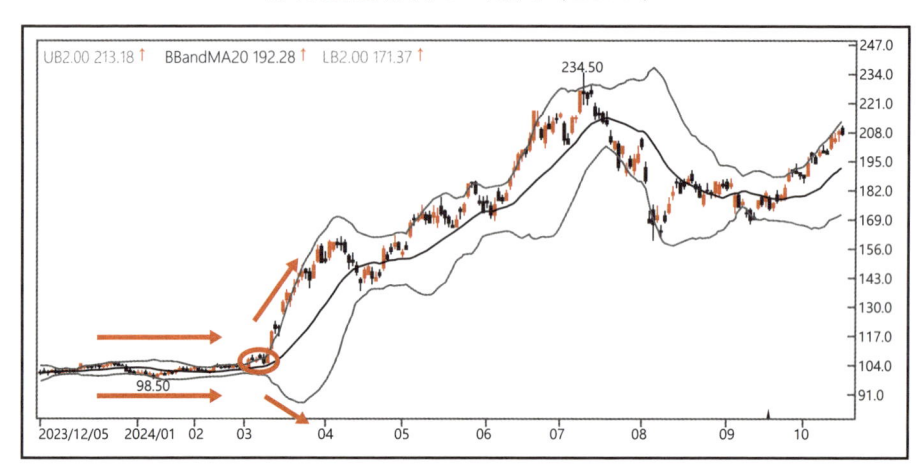

資料來源：台新超級智多星

　　從上圖可知，鴻海（2317）原本的股價在一個區間整理，且布林通道呈橫向移動型態。2024 年 3 月中，突破布林通道上軌時，上軌朝上，下軌則是朝下，呈現了開口笑的型態，所以走出一個較為強勢波段的型態。

　　當然不是每次股價強勢就會有開口笑的型態，鴻海之後的強勢走升，幾乎都看不到此型態，但股價仍持續走高。在此還是要強調，沒有一個技術指標是完美的，它只是一個工具，而我們則是要利用工具，在股市裡找到勝率最大的交易方式。

基本面

在介紹完技術分析的工具後,再來聊聊基本面。在三大分析中基本面是最早期、也是最多人運用的分析法,其精髓在於分析掌握公司的財務及獲利,進而推估股價目前是被低估還是高估,或推測未來的財務狀況(如營收預期越來越好),判斷股價未來的走勢及合理股價。

◎ 營收

在基本面分析裡,首要看的一定是公司的營收。當公司營收不斷增加,代表該公司的產品銷售持續成長,投資人會預估公司營運狀況良好,市場認同其產品,而公司因營收增加而獲利增加。

這邊要提醒讀者,營收增加並不一定代表獲利增加,營收是銷售金額,獲利則還要扣除成本。有時雖然營收增加了,但成本也因新技術而增加,造成獲利並沒有跟著上升;但畢竟營收增加,代表公司產品銷售金額是成長的,在投資人的認同下,股價通常比較容易被投資人注意到,因此股價一般會隨著營收增加而上升。

上市櫃公司財報公布分為月、季及年,我習慣參考月營收,因為我大多為短線交易,且月營收是最新的財報數字,季跟年一般可透過月營收來推估。上市櫃公司的月營收須於每個月 10 日之前公布,有時公布出的營收數字,會影響短時間的股價。

而我喜歡的個股是營收持續性成長的公司,因為營收是法人**機構觀察**該公司很重要的財務指標,營收持續性成長,較容易吸引法人及更多投資人的買盤進駐,因為公司銷售的金額越來越高,代表公司獲利可能會更多,自然會有更多投資人想投資。

營收範例 1：台積電（2330）

台積電（2330）合併年度營收走勢圖

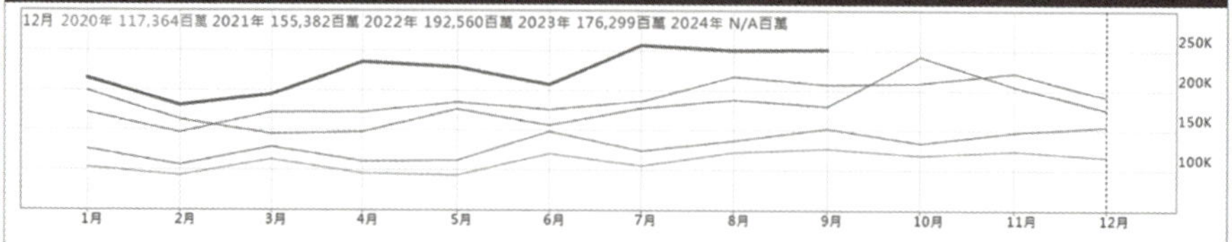

12月 2020年 117,364百萬 2021年 155,382百萬 2022年 192,560百萬 2023年 176,299百萬 2024年 N/A百萬

台積電（2330）合併月營收

單位：千元

年/月	營業收入	月增率	去年同期	年增率	累計營收	年增率
2024/09	251,872,717	0.40%	180,430,282	39.60%	2,025,846,521	31.87%
2024/08	250,866,368	-2.37%	188,586,256	32.95%	1,773,973,804	30.85%
2024/07	256,953,058	23.61%	177,616,220	44.67%	1,523,107,436	30.50%
2024/06	207,868,693	-9.47%	156,404,174	32.90%	1,266,154,378	27.96%
2024/05	229,620,372	-2.71%	176,537,745	30.07%	1,058,285,685	27.03%
2024/04	236,021,112	20.91%	147,899,735	59.58%	828,665,313	26.22%
2024/03	195,210,804	7.47%	145,408,332	34.25%	592,644,201	16.52%
2024/02	181,648,270	-15.82%	163,174,097	11.32%	397,433,397	9.42%

說明：自2013年起上市櫃公司因IFRSs會計準則規範，每月公告的營收必須是合併營收，不再公告非合併營收。2012年前，合併營收是採目顯公告。

資料來源：台新超級智多星

台積電（2330）2024／4／17 到 10／18 日線走勢圖

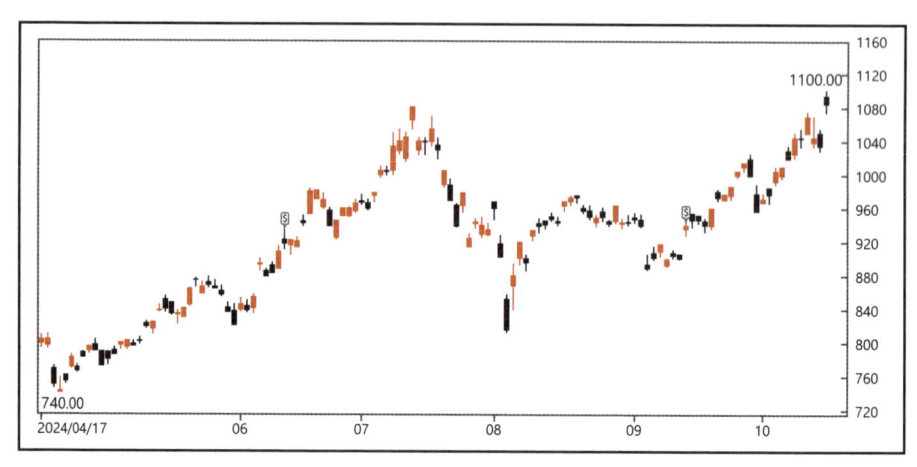

資料來源：台新超級智多星

　　台積電（2330）身為台灣的護國神山，2024 年更締造了有史以來的股價新高紀錄，受惠於 AI 晶片的帶動，台積電 2024 年股價突破 1,000 元達到歷史新高 1,100 元。從月營收來看，台積電每月營收與 2023 年同期

比較的年增率都超過 30%，代表 2024 年每個月跟 2023 年同期比都成長超過 30%。這樣的好績效當然讓外資法人、國內投信加上其他投資人，不斷投入資金，也讓台積電的股價節節高升。

營收資料在很多網站都查得到，如雅虎奇摩股市、鉅亨網等財經網站，各大券商也都有查詢個股營收的功能。我覺得台新超級智多星的營收資料整理得很棒，除了同期的年增率外，還有營收的走勢圖，並且會對比近 5 年營收走勢，所以可從上圖看到，2024 年台積電每個月營收，都高於近 5 年每月營收，這樣的設計可以讓投資人快速了解，個股營收在近 5 年是成長還是衰退。

很多讀者可能會問，營收成長股價就一定會上漲嗎？答案是：不一定，有些公司營收持續成長，但股價卻仍下跌。營收要市場及法人認同，買盤才會持續，所以我的交易方式還是以技術分析為主，技術分析能把個股的趨勢先抓出來，並透過技術指標找到好的進場點；基本面分析則是協助我利用技術分析選出個股後，再篩選出體質較好的公司，這樣可以避免踩到地雷。

台灣股市有許多公司並不賺錢，但是股價卻一直上漲，像這類個股通常是漲得很快，但下跌得更快，這類高風險的個股，就不是我喜歡的標的。

營收範例 2：大立光（3008）

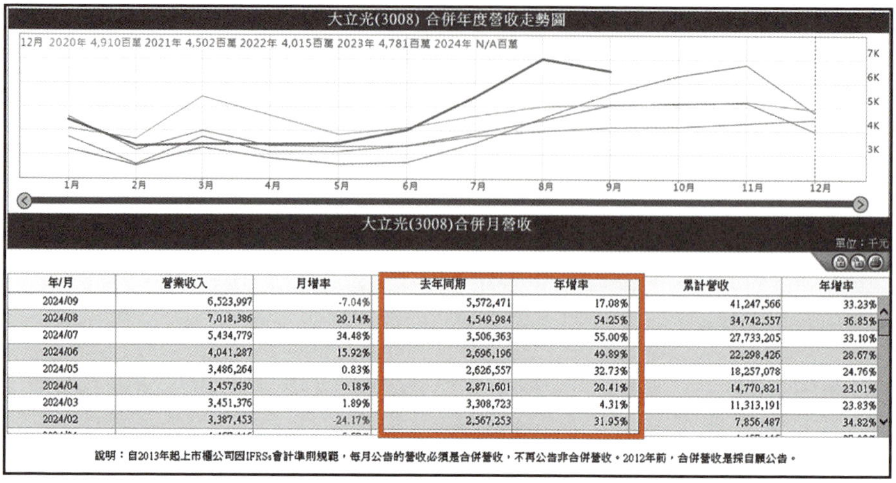

資料來源：台新超級智多星

大立光（3008）2024／4／17 到 10／18 日線走勢圖

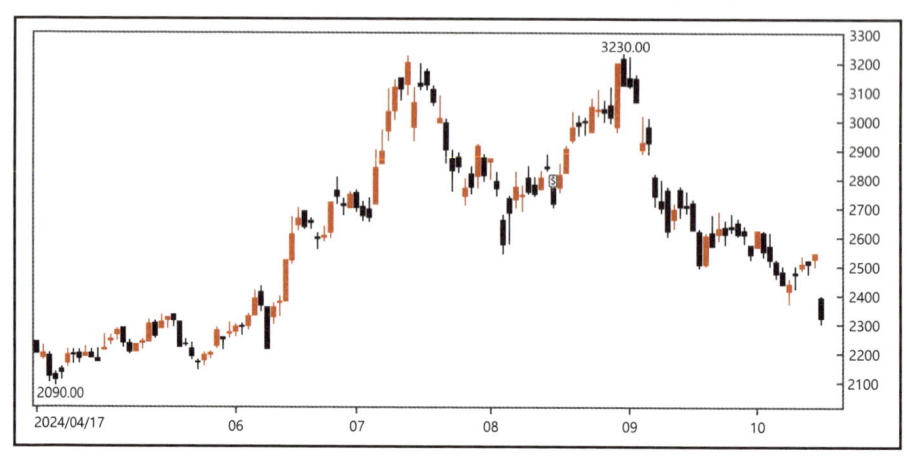

資料來源：台新超級智多星

可從上圖看出，光學大廠大立光（3008）2024 年 9 月營收也是近 5 年的新高，且有些月份同期的年增率甚至高達 40％到 50％，算是非常高度成長。但股價卻於 9 月之後不斷下跌，所以雖然 2024 年的月營收都持續成長，但股價不一定呈正向發展。這也是為什麼基本面的營收等資料，僅是輔助我在篩選個股上的資訊，並非我的核心交易方法。

◎ 本益比

本益比（Price to Earning Ratio，簡稱 PE）是基本面分析中常用的工具之一，主要用來評估一家公司的股價是被低估或高估，同時也是判斷企業股價估值高低與獲利能力的依據。

> **本益比公式**
> 本益比＝股價÷每股盈餘（EPS）

從公式可看出，本益比計算股價為該公司每股盈餘的幾倍，推估目前股價是否合理，或被高估或低估。運用上非常簡單，讀者不用特別去記公式，基本上看盤軟體上都會直接顯示本益比，只要判斷目前倍數是否太高估或太低估即可。

本益比範例 1：台積電（2330）

台積電(2330)基本資料					
最近交易日：10/18 市值單位：百萬					
開盤價	1095	最高價	1100	最低價	1075 收盤價 1085
漲跌		一年內最高價	1100	一年內最低價	527
本益比	30.48	一年內最大量	176,166	一年內最低量	9,994 成交量 91,036
肉業4不5率登比		一年來最高本益比	32.69	一年來最低本益比	14.18 盤後量 6,240
殖利率	1.2%	總市值	28,137,015	1996年來最高總市值	28,008,319 1996年來最低總市值 92,816
投資報酬率(10/18)		財務比例(2024.2Q)		獲利能力(2024.2Q)	投資風險
今年以來	85.36%	每股淨值(元)	146.21	營業毛利率	53.17% 貝他值 1.52
最近一週	3.83%	每人營收(千元)	8,807.00	營業利益率	42.55% 標準差 2.10%
最近一個月	15.30%	每股營收(元)	25.97	稅前淨利率	45.48%
最近二個月	12.47%	負債比例	36.14%	資產報酬率	4.24%
最近三個月	8.44%	股價淨利比	7.42	股東權益報酬率	6.62%
		股價營收比	10.61		
基本資料		配股配息(2024[累計至 第二季])			
發行張數(百萬)	25.93	現金股利(元)	8.0001382		
面額(台幣)	10	股票股利	0		
股本(億)	2,593.27	盈餘配股	0		
總股本(億)	2,593.27	公積配股	0		
成立時間	1987/02/21	現金增資(億)	N/A		
初次上市(櫃)日期	1994/09/05	認股率(每千股)	N/A		
股務代理	中信託02-66365566	現增價	N/A		
董事長	魏哲家				
總經理	魏哲家				
發言人	黃仁昭				
營收比重	晶圓87.08%、其他12.92% (2023年)				

資料來源：台積超級智多星

　　從台積電的基本資料中可看出，本益比已經算好了，以目前股價1,085 元計算（2024／10／18），本益比為 30.48 倍，代表台積電目前股價為每股盈餘的 30.48 倍。依以往台積電本益比多在 20 到 30 倍的區間，目前的本益比相對較高。

這邊要特別說一下每股盈餘（Earnings Per Share，EPS），每股盈餘又稱每股收益或每股盈利，是指該公司給投資者／股東帶來的每股收益。公司每一季都會公布每股盈餘，可在財經網站或券商軟體上，查詢該公司每季的每股盈餘是多少。

為什麼要特別談每股盈餘？主要是有許多軟體會採取前一年的每股盈餘，來計算目前本益比，例如台積電 2023 年的每股盈餘約 33.54 元，如以 2023 年的每股盈餘計算，台積電股價 1,085 元，本益比應為 32.35 倍，比目前（2024／10／18）的 30.48 倍更高。而台新智多星是以近 4 季的每股盈餘計算本益比，個人認為台新運用近 4 季每股盈餘計算，增進了本益比的評估價值。股價及每股盈餘是會變動的，用最新的每股盈餘來計算現在的股價，才能更準確評估股價目前的合理性。

各產業及個股都有不同的本益比，包括台灣加權指數也可用本益比來評估。目前台灣加權指數的本益比（2024／10／18）為 22.94 倍，可用台灣加權指數的本益比為基準，如果個股本益比遠高過加權指數本益比，代表該股股價可能高估，低於加權指數本益比，則是股價被低估。但因各產業別的不同，還是需要細看各產業的平均本益比。

各產業的本益比可在台灣證券交易所查詢，交易所每月會公布前一個月的最新各產業別本益比、殖利率及淨值比。一般券商軟體都會在其本益比旁或下方附上同業本益比，可比對其本益比相較該產業是否高估。如前述台積電本益比為 30.48 倍，但同業本益比為 66.17 倍，所以台積電跟同業本益比相較仍偏低。

查詢加權指數本益比

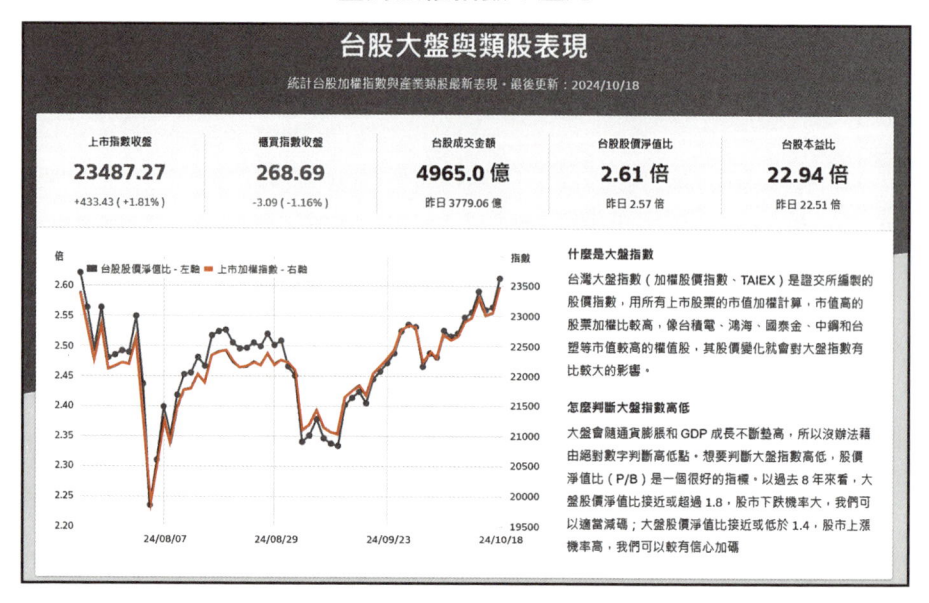

台股大盤與類股表現

統計台股加權指數與產業類股最新表現。最後更新：2024/10/18

上市指數收盤	櫃買指數收盤	台股成交金額	台股股價淨值比	台股本益比
23487.27	**268.69**	**4965.0 億**	**2.61 倍**	**22.94 倍**
+433.43 (+1.81%)	-3.09 (-1.16%)	昨日 3779.06 億	昨日 2.57 倍	昨日 22.51 倍

什麼是大盤指數

台灣大盤指數（加權股價指數、TAIEX）是證交所編製的股價指數，用所有上市股票的市值加權計算，市值高的股票加權比較高，像台積電、鴻海、國泰金、中鋼和台塑等市值較高的權值股，其股價變化就會對大盤指數有比較大的影響。

怎麼判斷大盤指數高低

大盤會隨通貨膨脹和 GDP 成長不斷墊高，所以沒辦法藉由絕對數字判斷高低點。想要判斷大盤指數高低，股價淨值比（P/B）是一個很好的指標。以過去 8 年來看，大盤股價淨值比接近或超過 1.8，股市下跌機率大，我們可以適當減碼；大盤股價淨值比接近或低於 1.4，股市上漲機率高，我們可以較有信心加碼。

資料來源：財報狗

查詢各產業本益比

P/E RATIO AND YIELD OF LISTED STOCKS

民國113年9月　　　　　　　　　　　　September 2024

證券名稱 Stock's Code & Name	最後市價 Latest Price	本益比 (times) PER	殖利率 (%) Yield	股價淨值比 (times) PBR
大盤		21.68	2.56	2.47
水泥工業類		22.14	3.65	1.00
食品工業類		23.71	3.32	2.86
塑膠工業類		49.64	1.99	0.88
紡織纖維類		23.33	3.03	1.32
電機機械類		34.47	1.75	2.92
電器電纜類		23.80	3.45	1.30
玻璃陶瓷類		79.99	0.31	1.08
造紙工業類		38.33	1.84	1.05
鋼鐵工業類		35.11	2.67	1.44
橡膠工業類		31.51	2.87	1.52
汽車工業類		18.48	2.92	2.55
建材營造類		17.99	4.88	1.72
航運業類		9.96	3.56	1.14
觀光餐旅類		16.71	3.98	1.55
金融保險類		13.18	4.07	1.29
貿易百貨類		22.68	2.99	2.06
其他類		14.87	3.60	1.84
化學工業類		21.43	2.75	1.94
生技醫療類		39.84	1.68	3.41
油電燃氣類		19.63	3.78	1.59
半導體類		26.07	1.79	5.15
電腦及周邊設備類		19.58	3.11	2.68
光電類		101.33	2.43	1.27
通信網路類		30.28	3.30	3.21
電子零組件類		22.77	2.40	2.70
電子通路類		16.73	3.87	1.65
資訊服務類		19.91	4.24	2.65
其他電子類		18.32	2.90	1.85
綠能環保類		27.05	2.91	2.93
數位雲端類		28.60	3.54	8.13
運動休閒類		19.87	2.58	2.30
居家生活類		18.58	2.97	3.44
未含金融保險類		23.52	2.37	2.78
未含電子類		17.20	3.37	1.49
未含金融電子類		20.40	3.01	1.63
水泥窯製類		24.41	3.22	1.01
塑膠化工類		35.99	2.16	1.35
機電類		24.87	2.17	3.51
化學生技醫療類		29.31	2.12	2.59
電子工業類		24.69	2.18	3.56

資料來源：台灣證券交易所

以我的經驗來說，本益比必須長期觀察，並且最好是個股跟自己比較為適當，因為每家公司的營運狀況、資產規模、獲利狀態都不相同，甚至雖屬同一個產業，其實仍有許多細分的專業別，如單以同業本益比來評估會過於籠統。且同業本益比有可能被多家每股盈餘過低、但股價較高的公司拉高。

就我長期的觀察，傳統產業及金融業的本益比都較低，一般介於 10 到 20 倍，科技業則較高，一般介於 20 到 50 倍。但有時本益比會失真，如航運股，在疫情過後，航運運價暴漲，需求大增，造成長榮、陽明、萬海等航運股股價飆升，但目前長榮（2603）本益比也僅 5.83 倍（2024／10／18），這是因特殊狀況造成航運近幾年大幅獲利，但是否能維持下去，就不一定了。

本益比範例 2：長榮（2603）

資料來源：台新超級智多星

在我的短線交易觀念裡，本益比跟營收一樣，主要是作為最後篩選個股的輔助工具。在運用技術分析及指標篩選出個股後，本益比可快速幫我看出該個股獲利能力，是否在一定的水準。

本益比需要每股盈餘才能計算，如果公司沒獲利，本益比則會顯示 N／A，此類的個股我就不會介入。畢竟公司不賺錢，即使技術型態符合我的標準，也不敢貿然投資。

本益比太高的個股，我也會盡量避開，因為這代表了該股股價已大漲一段，並充分反映該股票的每股盈餘，甚至過熱，有些股票的本益比超過 100 倍、甚至 200 倍。

個人滿喜歡在個股技術型態成形時，而且本益比在 10 到 20 倍時介入，因為這意味該個股技術型態完整，**趨勢**成立，且每股盈餘尚未充分反映在股價上，這樣就符合技術分析型態完整，還加上基本面評估的保障。

融資成本線

融資成本線是我非常喜歡的投資工具之一，第一次接觸到這個工具時，真的讓我非常驚豔，因為它具有高度的投資參考價值，且目前使用此工具的人也不多，不像前述說的技術分析工具，如 KD、MACD，幾乎每個略有接觸過技術分析的人都聽過，券商軟體也都有提供。

融資成本線在一般券商的看盤軟體是找不到的，僅能在理財寶軟體籌碼 K 線裡可使用，為理財寶公司獨有的技術工具。因為理財寶的籌碼 K 線是付費軟體，所以讀者可基於自己的需求，考量是否使用。

◎ 與均線的原理相同

融資成本線的運用方式非常簡單，跟技術分析裡的均線完全一樣，但比均線來得更有參考價值。這邊我們先來談談均線，也稱移動平均線（Moving Average，簡稱 MA），為技術分析裡最常拿來觀察趨勢與支撐的工具，其定義為連接一段時間內收盤價加總起來的平均值。

簡單來說，可以把均線看成一段時間內的平均成本，最常用的均線有 5 日（一周）、10 日（雙周）、20 日（月線）及 60 日（季線）線。因均線的概念是一段時間內的平均成本，所以股價在均線之上，代表這一段時間買進的投資人大多是賺錢的；而股價在均線之下，代表這一段時間裡買進的投資人是賠錢的，所以均線常被看成重大的支撐，如月線及季線就是中長期趨勢的重要支撐，5 日及 10 日均線，則是短線支撐的參考。

均線範例：台積電（2330）

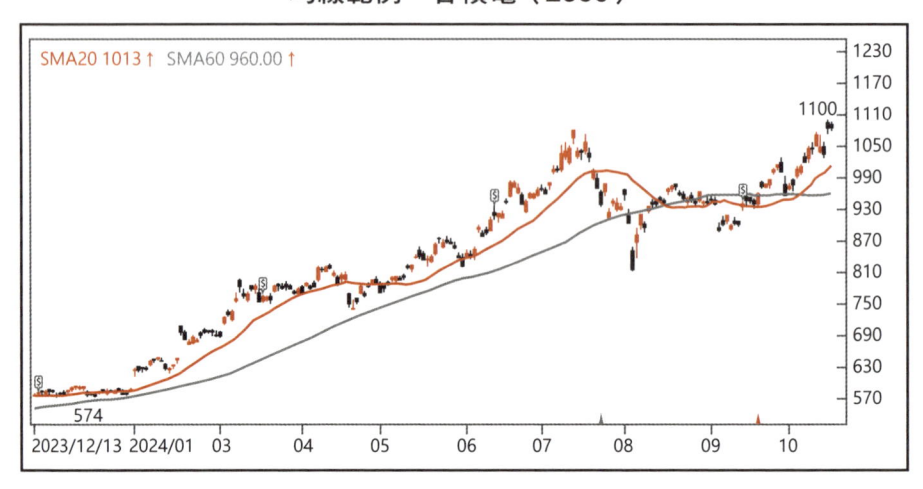

資料來源：台新超級智多星

　　上圖為台積電（2330）的 K 線走勢圖，兩條均線則為月線（20 日）及季線（60 日），可明顯看出台積電在上升過程中，季線是非常有力的支撐，雖在 8 月初跌破了季線，但短短幾天後又重新站回。許多投資人會將均線設為買進或停損點，在股價站上重大均線之上買進，跌破重要均線時停損。

◎ 融資：向證券公司借錢買股

了解均線的涵義後，再來了解一下什麼是融資。融資指的是投資人向券商借錢買進股票所借貸的金額，投資人可用較少的本金來買進股票，簡單來說就是借錢放大了槓桿。一般來說，如果買上市的股票，證券公司可借給投資人60%的金額，買上櫃股票則約是50%，但仍要依交易所公告及證券公司風險控管為準。借給投資人60%的資金，代表投資人只需花費40%的本金，就可以買到一張股票。

舉個例子，假如鴻海（2317）股價是100元，一張為1,000股，買進一張需花費10萬元（不含手續費），可融資的資金為60%，投資人僅須準備4萬元，其餘6萬元由證券公司借給投資人。因只準備了4萬元本金，就能操作10萬元市值的股票，代表了融資60%的槓桿為2.5倍（10÷4＝2.5）。

證券公司當然不可能無償借資金給投資人買股票，證券公司會向投資人收取融資（借款）金額的利息，證券公司融資利率一般平均為年利率6.25%，投資人使用融資時所需負擔的利息費用，在賣出融資股票時，證券公司會由賣出的資金裡扣除借款金額及利息費用。

因股票為高度波動的風險性資產，如股價下跌至無法償還投資人借款的金額，則會造成證券公司的風險損失，所以交易所明定融資維持率不可低於130%，如低於130%，則需補錢將維持率提升。如果投資人沒錢補足維持率，則證券公司有權力直接於股票市場上賣出持股，並收回本金及利息費用，這也是俗稱的「斷頭」。

> **融資維持率公式：**
> 融資維持率＝股票市值／融資金

如之前的舉例，鴻海股價為100元，1張為10萬元，投資人本金為4萬元，融資金6萬元，所以投資人在剛買進鴻海（100元）時，維持率為：10萬÷6萬元＝166%。當股價下跌至78元時（1張股票市值為7萬

8 千元），維持率會下降至：7.8 萬÷6 萬＝130％，代表鴻海股價不能跌破 78 元，不然投資人就則必須補錢（還融資金）來提升維持率。

◎ 買進股票股價須在融資成本線之上

融資成本線是結合了均線（代表成本）及融資籌碼的工具。融資成本線為所有市場上的投資人，使用融資買進該個股的平均成本。股價如在融資成本線之上，代表用融資買進該個股的投資人，大多是賺錢的；股價如在融資成本線之下，代表用融資買進該個股的投資人，大多是賠錢的。

融資成本線比均線更好用的原因在於，融資成本是投資人用融資實際買進成交的平均成本，而均線則是利用收盤價計算而已，主力其實常會透過均線來吸引散戶做出錯誤的判斷，例如刻意讓股票跌破重大均線，讓散戶將股票賣出，主力則低接股票，這就是俗稱的「假跌破」。

但融資成本線很難做到這樣，因為投資人利用融資買進股票，但融資利息很高，如果股票跌破融資成本線，代表許多融資買進該個股的人都套牢，可能會引起更大的賣壓，畢竟如融資維持率低於 130％的話，可能會引起斷頭賣壓。所以融資成本線的參考值就變得很高，如果股票跌破融資成本線，可能代表該個股並無重大支撐，融資投資者都套牢，較不適合買進；股價如突破融資成本線，則代表該個股向上走高的可能性增加。

讀者可發現，融資成本線的運用方式跟均線一模一樣，但背後代表的涵義卻完全不一樣。

在我的短線交易模式裡，融資成本線是很重要的依據，買進的個股股價絕對不能在融資成本線之下，且不能離融資成本線太遠，太遠則有可能回檔（代表股價漲多，容易回檔修正）。融資成本線還有另一個用途，就是拿來進行放空交易，這點會在下一章向各位解說。

融資成本線範例 1：台積電（2330）

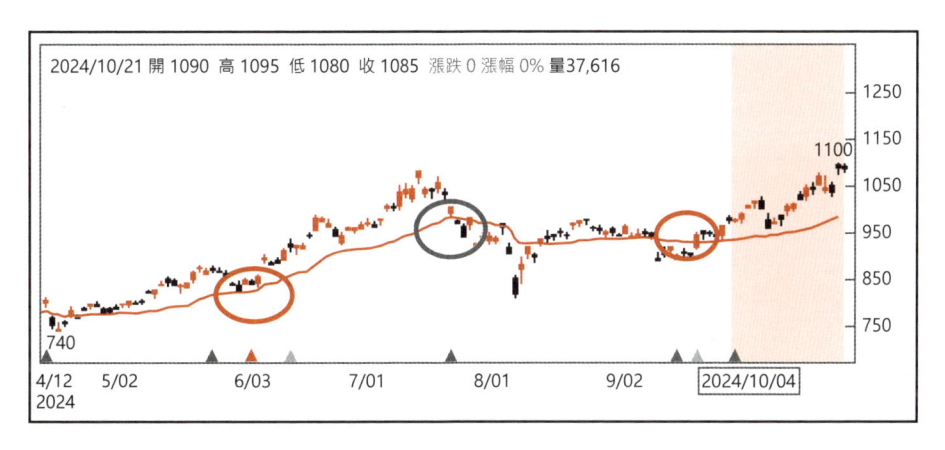

資料來源：理財寶籌碼 K 線

　　圖中粉紅色的線就是融資成本線，看起來跟均線很像。可發現股價在回測融資成本線時，都會獲得較為強力的支撐，跌破時則有一段不小的跌幅。

融資成本線範例 2：鴻海（2317）

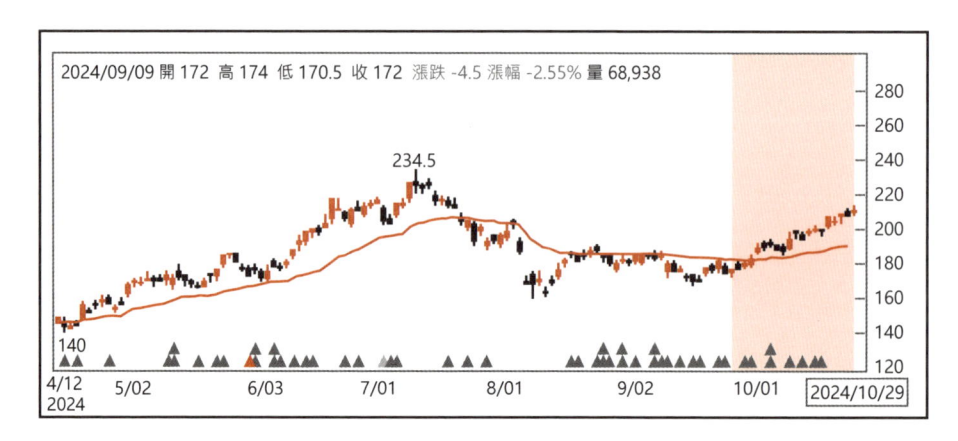

資料來源：理財寶籌碼 K 線

　　鴻海（2317）也是一樣，融資成本線一直都是重要的支撐，當跌破時，則有一段跌幅，之後站上突破，即開始另一段的波段漲幅。由此讀者可發現融資成本線的重要性，它雖不是我短線交易選股的主要工具，但其參考價值絕對凌駕許多投資指標。其實在長期波段投資上，僅靠融資成本線也可操作出很不錯的績效。如果讀者覺得眾多投資工具太複雜，那就學好並善用這條線吧，它就是融資成本線。

05.
小張短線交易的 SOP

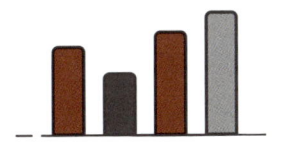

介紹過觀念及技術分析工具後，即可開始進入小張短線交易法的 SOP 流程。各位讀者會發現，在前文討論的觀念及工具，會直接運用在短線交易法上，這就是為什麼會在前文讓各位先了解所需工具的原因。

• • •

再次強調，我的交易法主要是以短線為基準，並不是以中長線投資為主，所以技術分析為最主要的選股方法，籌碼面及基本面分析則為輔助，進而達到短線穩健獲利的效果。

小張的短線交易 SOP：
1. 判斷大盤短線多空及產業強弱勢
2. 使用三指標確認個股
3. 快速檢視基本面
4. 快速檢視籌碼面
5. 設定短線停損停利
6. 透過軟體快速找出技術指標型態符合的個股

判斷大盤短線多空

開始選股前，我會先判斷台灣加權指數（之後簡稱大盤）的多空趨勢，這代表了大環境的趨勢，在股市的交易操作上絕對要謹記「順勢而為」，不要逆勢操作，這樣可以事半功倍。當大盤在多頭上漲時，會帶動許多個股一起上漲，讀者可以透過券商軟體發現，當大盤上漲時，上漲家數會多於下跌家數，而大盤下跌時，下跌家數普遍會多於上漲家數。這樣順勢的交易，能提高短線交易的勝率，在順勢的情況下，也能更快累積獲利效果。

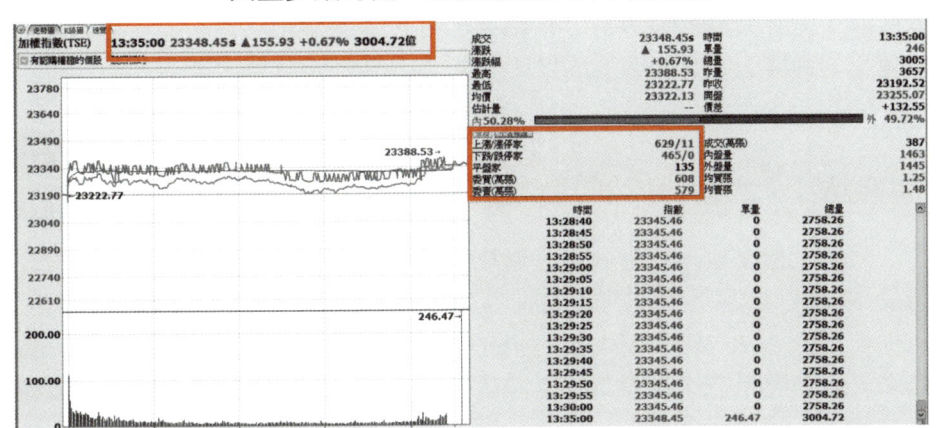

大盤多頭時期，上漲家數多於下跌家數

資料來源：台新超級智多星

可從上圖發現，台灣加權指數上漲 155.93 點（+0.67%），指數收在 23,348 點，當日的上漲家數達 629 家，漲停家數 11 家，下跌家數則有 465 家，無跌停板家數，平盤家數共 135 家。可明顯發現，大多數股票於大盤上漲時，是上漲或平盤，下跌家數則較少，這也表示順勢交易的獲勝機率，絕對大於逆勢交易。

在券商多年工作的經驗發現，散戶投資人很愛在短線上逆勢操作，這是非常危險的操作方式。在短線上逆勢很容易被強勢股嘎空，買弱勢股容易遇到連續性下跌，變成原本要做短線交易，演變成不得不長線投資，好聽點是長期投資，講白一點就是套牢。

逆勢交易只有在價值投資策略才有效果，且前提是要對投資的公司營運有深入的了解，公司產業前景有發展性，獲利穩定或持續向上，但股價被低估的公司。而另一種逆勢交易則為區間交易，上漲到區間高檔時賣出，下跌至區間低檔時買進，賺取中間的價差，這類區間特性的個股前文有介紹，非常適合用來操作金融類股。

我主要透過三個方式來判斷大盤的趨勢方向，第一為技術分析的 K 線走勢趨勢，第二為外資期貨未平倉口數及選擇權的籌碼變化，最後為外匯的變化。這三個順序讓我更能明確掌握大盤的方向變化，及目前操作方

向是否與大盤一致。最後再透過產業的強弱勢，選股上更能掌握上漲的強勢族群，並且避開弱勢族群。最重要的是，透過檢視大盤的多空趨勢及籌碼變化，避開大盤方向改變的風險。

◎ 方法 1：大盤日線圖判斷趨勢

研判大盤多空，我會先看大盤技術分析的日線圖，前文有介紹技術分析的 K 棒日線圖是用來判斷個股多空的好工具，這點同樣適用於大盤。可從技術分析 K 棒近三個月日線圖來看大盤的趨勢，進而判斷目前大盤是處於多頭還是空頭。因為我是採取短線交易，所以我只看近一季的大盤 K 線趨勢，下圖可明顯看出，近一季大盤屬於多頭上漲趨勢，於 2024 年 8 月 5 日最低點 19,662 一路上漲到 2024 年 10 月 18 日的最高點 23,713 點，短短兩個月上漲了 4,051 點，上漲幅度達 20%。

2024 年第 3 季，大盤為多頭趨勢

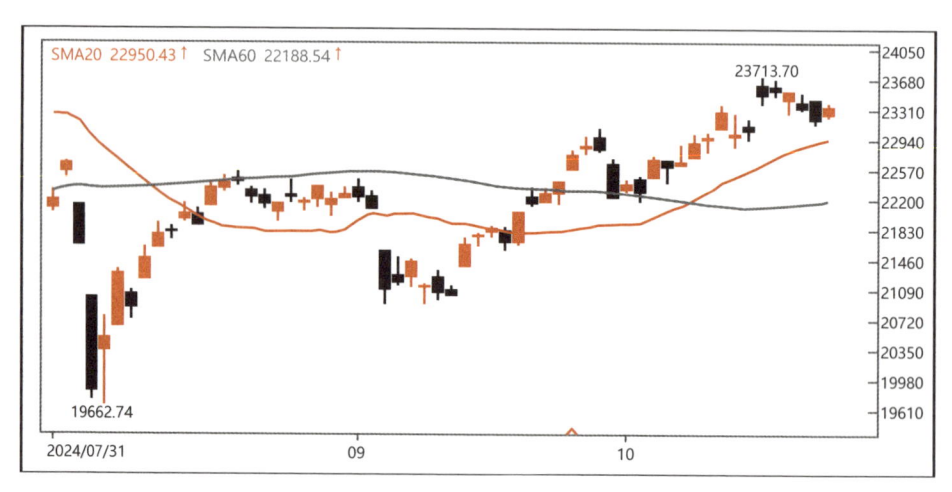

資料來源：台新超級智多星

於前文所提，個股多是階梯式上漲，漲一段，區間整理一段，然後再漲下一段。一直到無法再突破近期區間高點，且跌破近期的區間低點時，整體的波段才告一段落。大盤也是如此，也是呈階梯式上漲或下跌走勢，

所以在大盤多頭上漲**趨勢**時，只要未跌破近期區間整理的低點，仍是多頭**趨勢**。大盤如跌破近期區間低點，則表示多頭波段已告一段落，大盤可能會回跌，選股及交易要保守為之。如大盤真的開始走下跌**趨勢**，則以做空為主要交易方向。

除了用技術分析日線圖看**趨勢**外，還可加上均線來輔助判斷多空。前文有介紹均線，概念為平均成本（可參見第四章）。看大盤日線圖時，我也喜歡加上均線參考多空，最主要判斷大**趨勢**的是季線（60日均線），季線代表一季投資人平均成本，如大盤跌破了季線，代表過去一季買進的投資人都是套牢賠錢的，所以上檔賣壓也較為沉重，其**趨勢**轉空，投資人要加倍小心。

◎ 方法2：三大法人買賣超、外資期貨未平倉及法人選擇權

透過技術分析判斷多空後，我會開始檢視大盤的籌碼變化。這並不是否定技術分析的結果，而是透過這樣的檢視，看出目前主要在台灣股市交易的法人對大盤的籌碼變化。畢竟他們才是影響股市的主要力量，所以檢視他們對大盤的籌碼變化，有助判斷方向的準確度，更重要的是提醒警示我們，大盤在法人籌碼有巨大變動時，可能會改變方向。這樣讓我們更能跟著法人主力的方向，進而提高勝率，籌碼分析有句話是這麼說的：交易，要站在巨人的肩膀上。

檢視大盤籌碼的第一個方法為：觀察每日的三大法人買賣超金額，主要是外資的買賣超動向。因為外資的資金占比是台灣加權指數最高，外資的買賣動向牽動指數的變化，讀者有時會在大盤大跌時聽到財經新聞說：外資把台灣當提款機，一直賣股票將錢匯出去。這句話也代表外資在台灣加權指數的影響力非常大。

講白一點，外資要控制大盤往哪個方向走其實不難，對於外資來說，台灣市場相對於美國、歐洲及中國股市的規模實在太小了。股市是很現實的，資金最多的人就能控制市場方向，想想看，外資持有台灣最大權值股台積電（2330）約80%，如果外資一直賣台積電，那指數怎麼可能不下

跌呢？

所以每日觀察外資的買賣超是很重要的判斷面向，如果外資連續大舉賣超台股，那對大盤的後勢就要更加保守；當然如果外資天天買超，股市上漲的機率也就大增，我們就能順勢交易個股累積獲利。

三大法人買賣超金額資訊可從證券交易所、各大券商官網或財經新聞網查詢到，算是非常大眾化的資訊，而我個人喜歡從券商軟體去看外資買賣超。

外資對台股的買賣超變化

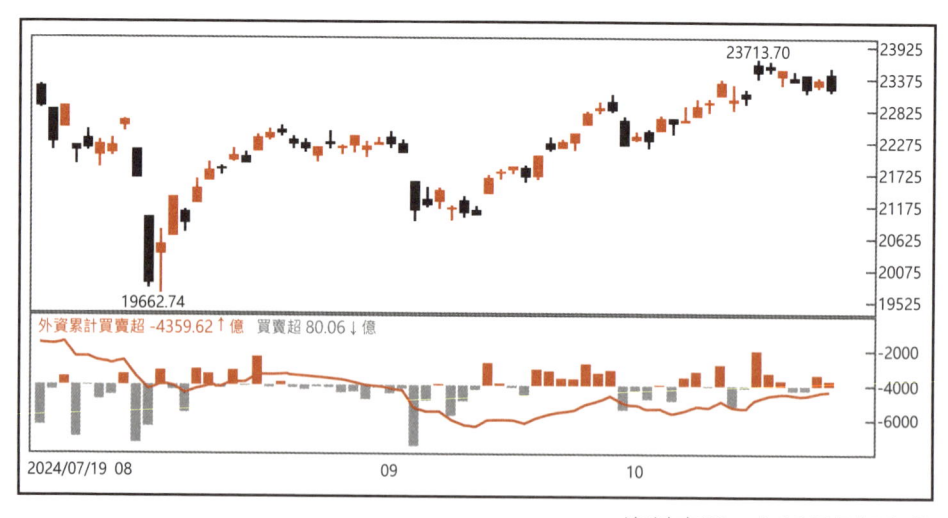

資料來源：台新超級智多星

上圖為台新超級智多星看盤軟體，可看出外資每日的買賣變化，且對照大盤的日線圖走勢可看出，外資在 2024 年 9 月中開始連續買進，之後幾乎都是買多賣少，所以股市也較為強勢。

檢視的大盤籌碼的第二個方法為：外資期貨未平倉口數及法人的選擇權籌碼變化。外資的期貨未平倉口數於前文有特別介紹過，可從台灣期貨交易所查詢，期貨交易所每日都會於下午三點半左右公布三大法人期貨市場上期貨留倉的多空口數，可得知三大法人目前留倉的期貨是多單還是空

單，這需要長期的觀察才能知道外資籌碼整體的變化。

台灣加權指數突破兩萬點之前，外資在期貨未平倉有一萬口的空單就算非常多了；但在指數突破兩萬點之後，外資期貨未平倉空單則長期維持在 2 萬到 3 萬口，主要是因為指數上升，外資避險需求也提高，外資買進台股的股票部位增加，避險部位也要等比例提升，這是外資習慣的操作模式。加上部分的 ETF 的投資組成需要空單，如反向 ETF。所以要觀察一段時間，才能知道法人未平倉口數較大的變動，也才會知道法人提前準備布局不同方向的籌碼變化。

如之前所提，2024 年 8 月 1 日外資未平倉空單口數來到 42,342 口的新高，次日即大跌 1,004 點，大部分的散戶投資人都來不及反應。但其實從前幾周即可觀察到，外資空單口數已不停增加，2024 年 7 月 1 日外資未平倉期貨空單口數為 25,994 口；7 月 15 日，外資未平倉空單口數已達 36,218 口；7 月 30 日更高達 39,033 口。這種空單持續增加的情況，投資人更要有警覺性，應先暫時避開，將資金保留好，如之後大盤有大跌就能閃過，且有保留資金，更可在大跌後有更好的投資機會。如果大盤沒大跌也沒關係，至少等外資未平倉口數回到原本 2 萬到 3 萬口時，再投入股市即可。

我們是散戶投資人，大多是單打獨鬥，外資則是大型國際投資機構，他們有研究團隊、基金經理人及交易員，最重要的是他們的金額大到可以影響股市，我們只是小散戶，就順著這些外資法人的方向，搭著他們的順風車前行就可以了。

2024/7/1 外資未平倉期貨空單口數 25,994 口

期貨契約
單位：口數；千元(含鉅額交易，含標的證券為國外成分證券ETFs或境外指數ETFs之交易量)　　日期2024/07/01

序號	商品名稱	身份別	交易口數與契約金額 多方 口數	契約金額	空方 口數	契約金額	多空淨額 口數	契約金額	未平倉餘額 多方 口數	契約金額	空方 口數	契約金額	多空淨額 口數	契約金額
1	臺股期貨	自營商	9,090	41,876,903	9,572	44,104,224	-482	-2,227,321	3,660	16,833,228	9,475	43,575,158	-5,815	-26,741,930
		投信	784	3,604,820	25	114,963	759	3,489,858	22,494	103,440,908	6,409	29,472,427	16,085	73,968,481
		外資	66,608	306,751,858	66,014	304,064,881	594	2,686,978	30,864	141,932,698	56,808	261,241,114	**-25,944**	-119,308,416

2024/7/15 外資未平倉期貨空單口數 36,218 口

單位：口數；千元(含鉅額交易，含標的證券為國外成分證券ETFs或境外指數ETFs之交易量)　　日期2024/07/15

序號	商品名稱	身份別	多方 口數	契約金額	空方 口數	契約金額	多空淨額 口數	契約金額	多方 口數	契約金額	空方 口數	契約金額	多空淨額 口數	契約金額
1	臺股期貨	自營商	18,130	86,728,593	18,951	90,677,460	-821	-3,948,867	5,911	28,201,880	11,736	55,997,723	-5,825	-27,795,843
		投信	14,947	71,334,418	17,042	81,321,338	-2,095	-9,986,920	26,713	127,435,747	5,918	28,232,107	20,795	99,203,640
		外資	122,577	586,525,335	118,466	566,881,320	4,111	19,644,015	24,346	116,146,613	60,564	288,923,909	**-36,218**	-172,777,296

2024/7/30 外資未平倉期貨空單口數 39,033 口

期貨契約
單位：口數；千元(含鉅額交易，含標的證券為國外成分證券ETFs或境外指數ETFs之交易量)　　日期2024/07/30

序號	商品名稱	身份別	多方 口數	契約金額	空方 口數	契約金額	多空淨額 口數	契約金額	多方 口數	契約金額	空方 口數	契約金額	多空淨額 口數	契約金額
1	臺股期貨	自營商	13,899	61,277,208	13,855	61,104,878	44	172,331	8,737	38,896,049	10,788	48,032,816	-2,051	-9,136,767
		投信	467	2,077,025	325	1,436,882	142	640,143	29,249	130,169,750	6,313	28,095,375	22,936	102,074,375
		外資	88,805	391,449,428	91,541	403,673,535	-2,736	-12,224,106	18,307	81,482,531	57,340	255,202,957	**-39,033**	-173,720,426

資料來源：期貨交易所

由上三圖可知，2024 年 7 月的外資未平倉口數變化，外資持續增加空單，這也意味著外資對於大盤前景的看法趨於悲觀，投資人應保守應對，退場觀望，待外資未平倉空單回復到較為正常的口數，才算是警示解除。如 2024 年 8 月 1 日及 8 月 5 日大盤連崩兩天，合計共 2,811 點後，8 月 6 日外資未平倉空單口數劇減至 35,525 口（較前一日 8 月 5 日 39,446 口大減 3,921 口），次日 8 月 7 日空單口數劇減至 31,932 口（較前一日大減 3,593 口）（如下圖），像這樣外資未平倉空單口數大減的情況下，警報也隨之解除，之後大盤果然也重回多頭趨勢的行列。

2024/8/6 外資未平倉期貨空單口數減至 35,525 口

單位：口數；千元(含鉅額交易，含標的證券為國外成分證券ETFs或境外指數ETFs之交易量)　　日期2024/08/06

			交易口數與契約金額						未平倉餘額					
			多方		空方		多空淨額		多方		空方		多空淨額	
序號	商品名稱	身份別	口數	契約金額	口數	契約金額	口數	契約金額	口數	契約金額	口數	契約金額	口數	契約金額
1	臺股期貨	自營商	18,815	75,501,722	21,900	87,961,699	-3,085	-12,459,977	7,438	30,412,304	8,576	35,073,941	-1,138	-4,661,637
		投信	2,557	10,480,167	616	2,455,319	1,941	8,024,848	33,294	136,205,754	8,054	32,948,914	25,240	103,256,840
		外資	187,824	752,132,634	185,445	743,332,664	2,379	8,799,970	21,454	87,748,608	56,979	233,061,169	-35,525	-145,312,561

2024/8/7 外資未平倉期貨空單口數減至 31,932 口

單位：口數；千元(含鉅額交易，含標的證券為國外成分證券ETFs或境外指數ETFs之交易量)　　日期2024/08/07

			交易口數與契約金額						未平倉餘額					
			多方		空方		多空淨額		多方		空方		多空淨額	
序號	商品名稱	身份別	口數	契約金額	口數	契約金額	口數	契約金額	口數	契約金額	口數	契約金額	口數	契約金額
1	臺股期貨	自營商	16,778	69,906,798	17,947	74,802,634	-1,169	-4,895,836	5,879	24,855,598	8,210	34,712,983	-2,331	-9,857,385
		投信	1,842	7,800,333	243	1,030,043	1,599	6,770,289	34,251	144,826,928	7,412	31,340,901	26,839	113,486,027
		外資	149,124	616,984,810	147,935	612,388,601	1,189	4,596,210	24,475	103,485,499	56,407	238,503,11	-31,932	-135,017,616

資料來源：期貨交易所

檢視完外資未平倉口數後，另一項須檢視的是選擇權未平倉口數的籌碼狀況，了解主力在大盤指數籌碼上支撐與壓力的位置。可能很多投資朋友對選擇權並不了解，不過沒關係，這邊並沒有要探討選擇權的操作及架構，只要看得懂主力在選擇權的布局，哪個點位是支撐或壓力即可。

各位投資人可透過券商軟體點進選擇權的畫面，雖然有很多數字看不太懂，但中間代表了目前指數，左邊是買權，右邊是賣權，中間的權利金可先忽略，主要看買權及賣權的「最大」未平倉在哪一個指數水位。這代表主力在指數上布局的支撐與壓力，除非有重大事件，如大利多或突發性利空，不然一般主力會控制指數在這區間內遊走。當然主力也會因盤勢不同而改變布局位置，所以這部分也是每天觀察，才能知道支撐與壓力的點位是不是改變了。

這樣說可能大家比較不明白，用選擇權的圖來解說會比較清楚，以台新超級智多星為例，可在選擇權的畫面點滑鼠右鍵，在設定裡選擇報價欄位，再加進一個未平倉就可以了。

查詢外資選擇權未平倉口數

買權Call							2024/11		賣權Put					
買進	賣出	成交	漲跌	單量	總量	未平倉	剩餘:21天	買進	賣出	成交	漲跌	單量	總量	未平倉
625	660	635s	▼35.0	1	63	186	22800	520	560	540s	▲50.0	4	228	572
570	605	590s	▼30.0	1	97	246	22900	565	600	585s	▲45.0	10	429	607
515	550	530s	▼40.0	2	245	908	23000	615	645	635s	▲50.0	12	254	883
463	498	481s	▼49.0	1	195	820	23100	665	695	685s	▲35.0	1	318	913
421	454	440s	▼30.0	1	272	535	23200	715	750	730s	▲40.0	1	185	409
372	408	389s	▼43.0	1	358	1215	23300	785	805	790s	▲35.0	1	44	1101
345	349	347s	▼41.0	1	278	826	23400	830	860	845s	▲35.0	4	60	297
300	324	311s	▼29.0	1	525	1096	23500	885	920	935s	▲75.0	4	51	542
260	287	280s	▼26.0	1	222	2264	23600	955	985	985s	▲60.0	1	3	210
233	255	238s	▼37.0	1	386	4313	23700	1020	1050	1040s	▲45.0	1	18	175
200	219	220s	▼21.0	1	143	978	23800	1090	1130	1130s	▲70.0	1	7	84
176	200	179s	▼30.0	1	83	889	23900	1160	1200	1000s	▼130.0	1	2	104
155	158	156s	▼24.0	3	919	3866	24000	1240	1270	1250s	▲50.0	1	12	115
130	139	135s	▼22.0	1	246	1638	24100	1310	1350	--	--	0	0	53
111	115	115s	▼21.0	1	319	1331	24200	1390	1430	1410s	▲50.0	1	2	32

資料來源：台新超級智多星

可從上圖看出，買權的最大未平倉口數是 4,313，在指數 23,700 的位置，這代表主力預估大盤指數的壓力區在 23,700 點，2024 年 11 月期貨結算前大盤指數要突破此點數價位，難度是比較高的。

這邊要強調一點，股市沒有絕對，所以每日都要去檢視整體的籌碼是

否有變動。在此看出 11 月期貨結算前，大盤指數壓力點位在 23,700，再來可從賣權找尋大盤的支撐點位，在看選擇權未平倉時，要將指數畫面上下拉一下檢查看看最大未平倉在哪，因畫面空間有限，有時未平倉是需要上下拉動，才能確定最大未平倉在哪個點位。

查詢外資選擇權賣權未平倉口數

買權Call								2024/11							賣權Put	
買進	賣出	成交	漲跌	單量	總量	未平倉	剩餘: 21天	買進	賣出	成交	漲跌	單量	總量	未平倉
1730	1770	--	--	0	0	0	21300	107	176	155s	▲22.0	1	72	684
1650	1680	--	--	0	0	9	21400	152	169	165s	▲16.0	1	192	604
1560	1600	--	--	0	0	15	21500	165	200	182s	▲24.0	1	308	1111
1480	1520	1520s	▼30.0	1	2	32	21600	108	222	189s	▲14.0	1	77	524
1400	1430	--	--	0	0	10	21700	195	225	216s	▲25.0	2	100	708
1320	1360	1410s	▲20.0	1	1	14	21800	232	322	232s	▲24.0	1	166	684
1240	1280	--	--	0	0	30	21900	229	345	262s	▲31.0	1	108	893
1160	1200	1190s	▼40.0	1	3	104	22000	266	283	278s	▲26.0	1	551	2029
1090	1130	--	--	0	0	131	22100	223	330	303s	▲33.0	1	40	440
1020	1050	--	--	0	0	50	22200	319	353	337s	▲34.0	10	419	938
955	985	955s	▼40.0	1	1054	1188	22300	349	376	362s	▲40.0	1	236	334
885	915	880s	▼55.0	1	1052	1097	22400	380	409	390s	▲34.0	1	126	689
820	845	840s	▼35.0	1	1009	1147	22500	413	427	430s	▲34.0	6	330	615
750	780	780s	▼20.0	1	17	145	22600	456	465	464s	▲42.0	1	168	521
685	720	695s	▼50.0	3	49	121	22700	484	515	497s	▲29.0	14	421	937

資料來源：台新超級智多星

由上圖選擇權的賣權未平倉可知，11 月的賣權最大未平倉指數位置在 22,000 點，未平倉口數為 2,029 口，代表依目前選擇權的籌碼來看，市場主力預估大盤在 11 月期貨結算前，大盤並不會跌破 22,000 點。

由此可知，主力的布局是大盤在 22,000 到 23,700，指數區間雖然有點大，但在指數突破兩萬點後，其實 1,000 到 2,000 點的區間已是大盤常態，常常一個利多或利空，大盤一日就可能大漲或大跌 500 到 600 點。如 2024 年 10 月 17 日台積電法說完後，大盤隔日即大漲 433 點，當日最高上漲 660 點，10 月 18 日大盤最高來到 23,713 點，隨後就遭遇壓力而慢慢開始逐步下跌了。我們觀察到 11 月選擇權的未平倉壓力區在 23,700 點，這也提醒了我們，當大盤指數來到壓力區時，需要更加謹慎或先暫時避開觀望，靜待下一波機會。

有些投資朋友問，為什麼 10 月 18 日要看 11 月的選擇權？因為月期貨及選擇權於每月的第三個禮拜三結算，10 月 18 日當天 10 月份的期貨及選擇權已結算，所以當時須參考 11 月的選擇權籌碼。

總結研判大盤多空趨勢要點：
1. 先依技術線圖的 K 棒日線圖來看整體趨勢
2. 檢視外資每日買賣超的變化
3. 外資在期貨的未平倉口數是否異常大幅增加多單或空單
4. 主力在選擇權未平倉布局的支撐與壓力點位

判斷產業的強弱勢

在股市較久的投資朋友應該會發現，每隔一段時間都會有一些產業特別強勢，這些強勢的產業稱為主流類股。像 2024 年 1 到 8 月最強勢主流類股並不是台積電，也不是半導體個股，而是營建類股，幾乎每檔營建類股在 2024 年上半年都有將近一倍的漲幅。如營建龍頭興富發（2542）由 38 元左右一路上漲到最高 67.3 元，南部土地公京城建設（2524）更是從 2024 年初約 30 元一路飆升至最高 139.5 元。所以除了研判大盤多空趨勢，了解主流產業類股亦是選股的重要功課之一。

產業的強弱勢可從券商的軟體看出當日各產業的漲跌幅，看當日哪些產業較為強勢，哪些產業較為弱勢。也可透過軟體來看各產業的技術線圖，一樣可看出其趨勢，之前在介紹技術線圖時就強調，技術線圖可應用在各項商品。產業的趨勢可協助判斷目前強勢的主流產業類股是哪些，操作上跟著大盤順勢，且跟著主流類股選股，勝率更能大大增加。

2024/10/30 產業漲跌幅中的上漲產業

商品	成交	漲跌	漲幅% ▼	成交值	成交比重%
其他電子	187.31s	▲1.67	+0.90	446.26	13.6115
綠能環保	117.97s	▲0.95	+0.81	7.31	0.2229
油電燃氣	68.64s	▲0.42	+0.62	3.03	0.0924
食品	2334.25s	▲8.81	+0.38	7.87	0.2399
航運業	189.47s	▲0.37	+0.20	77.47	2.3631
建材營造	542.95s	▲0.93	+0.17	38.62	1.1778
化工	167.56s	▲0.10	+0.06	17.08	0.5208
汽車	387.30s	▲0.20	+0.05	30.60	0.9334
居家生活	134.97s	▲0.07	+0.05	5.87	0.1790
觀光餐旅	121.41s	▲0.03	+0.02	2.40	0.0732
金融保險	2079.72s	▲0.50	+0.02	91.77	2.7991
橡膠	272.17s	0.00	0.00	3.60	0.1097

資料來源：台新超級智多星

　　上圖為2024年10月30日產業漲跌幅中的上漲產業，因產業別較多，所以我分成上漲及下跌，軟體上可由漲跌幅來排序。我是使用台新超級智多星的資金流向，看每日的產業漲跌幅。可從圖中看出10月30日的最強是產業為「其他電子」，再來是綠電環保……，這樣就可一目了然知道當日盤勢走強的是哪類個股，走弱的是哪類個股。

2024/10/30「其他電子」產業日線圖

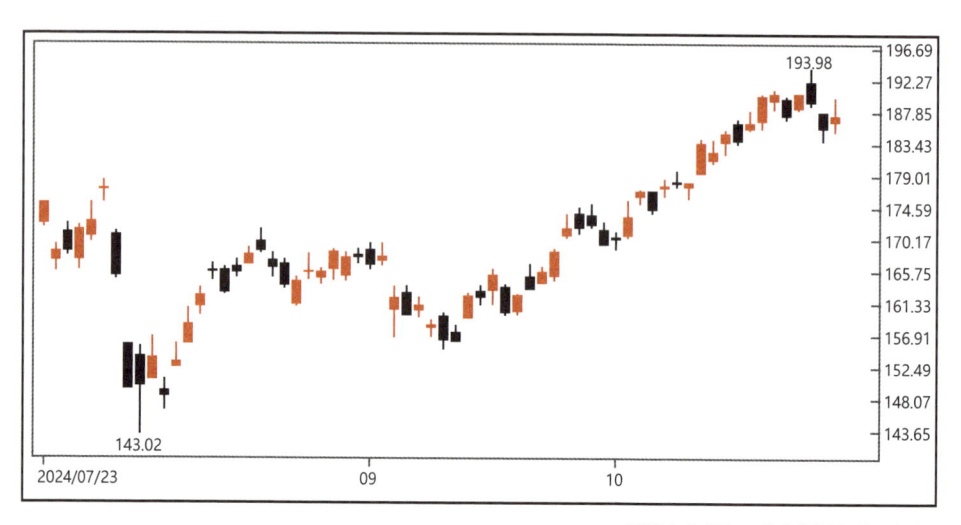

資料來源：台新超級智多星

　　剛有提到我們可用技術線圖來看產業別趨勢，以台新智多星軟體為例，可在產業名稱上按上滑鼠右鍵，選取技術分析，即可叫出如上圖的技術線圖。上圖為其他電子的技術分析日線圖，可看出當時大盤雖較為弱勢，但其他電子類卻較為強勢走多，為近一個多月的主流類股。

2024/10/30 產業漲跌幅中的下跌產業

商品	成交	漲跌	漲幅% ▲	成交值	成交比重%
玻璃陶瓷	52.62s	▼0.95	-1.77	3.46	0.1056
電器電纜	100.15s	▼1.01	-1.00	7.68	0.2342
電子通路	256.26s	▼2.59	-1.00	22.44	0.6844
光電	39.75s	▼0.37	-0.92	115.89	3.5347
半導體	630.30s	▼5.53	-0.87	998.68	30.4614
生技醫療	74.16s	▼0.62	-0.83	18.66	0.5690
通信網路	158.26s	▼1.09	-0.68	147.17	4.4889
電子	1244.77s	▼8.07	-0.64	2450.36	74.7400
電子零組件	229.75s	▼1.35	-0.58	383.32	11.6919
資訊服務	201.64s	▼1.04	-0.51	4.22	0.1286
化學生技醫療	135.65s	▼0.64	-0.47	35.73	1.0899
塑膠	140.91s	▼0.56	-0.40	16.42	0.5008
鋼鐵	132.65s	▼0.49	-0.37	15.10	0.4605
貿易百貨	310.34s	▼1.15	-0.37	7.98	0.2434
紡織纖維	643.87s	▼2.17	-0.34	15.56	0.4746
電腦及週邊設備	268.31s	▼0.75	-0.28	332.38	10.1382
造紙	312.64s	▼0.79	-0.25	0.58	0.0176
水泥	160.08s	▼0.34	-0.21	3.97	0.1212
數位雲端	66.25s	▼0.12	-0.18	2.18	0.0664
其他	359.85s	▼0.45	-0.12	23.05	0.7030
運動休閒	98.76s	▼0.08	-0.08	28.11	0.8573
電機機械	395.35s	▼0.23	-0.06	131.63	4.0149

資料來源：台新超級智多星

　　上圖為 2024 年 10 月 30 日的產業跌幅排行，可從圖中看出當日最弱勢的類別為玻璃陶瓷，再來是電器電纜，也可從中發現權重最大的半導體為當日最弱勢的第五名，電子及電子零組當日也是表現較弱的族群，所以從中可知主要電子類股當日表現都較差。

2024/10/30「半導體」產業日線圖

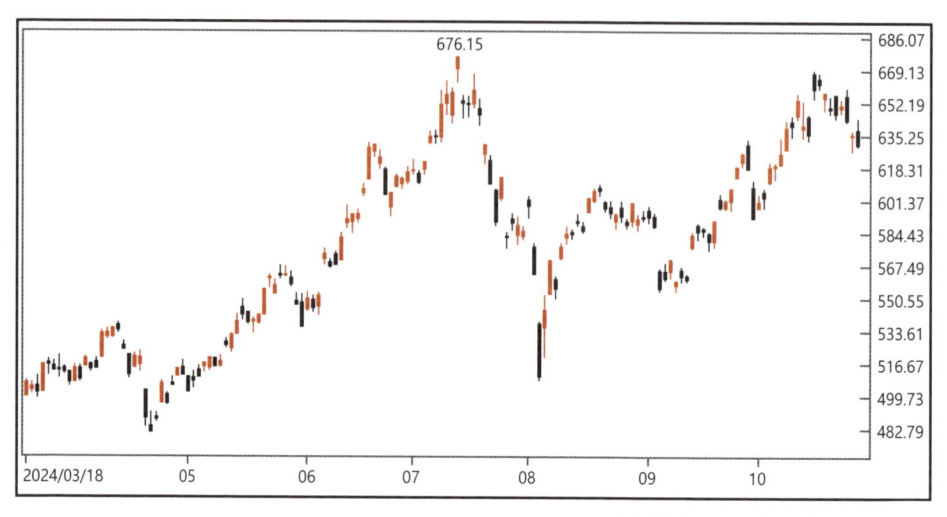

資料來源：台新超級智多星

　　上圖為半導體產業的日線圖走勢，可從中看出在 9 到 10 月半導體都較為強勢，但 10 月底開始慢慢下跌，後勢則須觀察是否會持續下跌或止跌回升。在此用半導體作為範例主因是台積電、聯電等半導體相關產業所占權值，為加權指數最大，故此產業漲跌幅影響大盤的程度最大。一般來說半導體表現很弱勢，大盤也不會表現得太理想。

　　每日觀察及技術線圖可看出各產業的趨勢，建議在選股上盡量跟著強勢的產業來選股，如其他電子相關的產業表現較好，代表資金流在此產業上，應盡量選該產業的個股。

從強勢產業找出旗下類股

商品	成交	漲跌	漲幅%	單量	總量	時間
鴻準	80.6s	▲7.30	+9.96	443	266447	13:30:00
貿聯-KY	471.5s	▲19.50	+4.31	90	2397	13:30:00
致茂	415.5s	▲11.50	+2.85	271	3392	13:30:00
碩天	310.0s	▲5.00	+1.64	30	434	13:30:00
>>鴻海	211.5s	▲2.00	+0.95	3634	67128	13:30:00
巨路	110.0s	▲1.00	+0.92	6	55	13:30:00
東科-KY	124.0s	▲1.00	+0.81	94	1155	13:30:00
德律	134.0s	▲0.50	+0.37	44	622	13:30:00
所羅門	140.5s	▲0.50	+0.36	146	1161	13:30:00
洋基工程	310.5s	0.00	0.00	26	259	13:30:00
震旦行	67.9s	0.00	0.00	3	17	13:30:00
可成	236.0s	▼0.50	-0.21	454	1808	13:30:00
盟立	77.4s	▼0.30	-0.39	255	2411	13:30:00
金寶	24.75s	▼0.30	-1.20	1651	25283	13:30:00

商品	成交	漲跌	漲幅%	成交值	成交比重%
其他電子	187.31s	▲1.67	+0.90	446.26	13.6115
綠能環保	117.97s	▲0.95	+0.81	7.31	0.2229
油電燃氣	68.64s	▲0.42	+0.62	3.03	0.0924
食品	2334.25s	▲8.81	+0.38	7.87	0.2399
航運業	189.47s	▲0.37	+0.20	77.47	2.3631
建材營造	542.95s	▲0.93	+0.17	38.62	1.1778
化工	167.56s	▲0.10	+0.06	17.08	0.5208
汽車	387.30s	▲0.20	+0.05	30.60	0.9334
居家生活	134.97s	▲0.07	+0.05	5.87	0.1790
觀光餐旅	121.41s	▲0.03	+0.02	2.40	0.0732
金融保險	2079.72s	▲0.50	+0.02	91.77	2.7991
橡膠	272.17s	0.00	0.00	3.60	0.1097
電機機械	395.35s	▼0.23	-0.06	131.63	4.0149
運動休閒	98.76s	▼0.08	-0.08	28.11	0.8573

資料來源：台新超級智多星

　　知道產業別強弱勢後，如何知道該產業有哪些個股？目前看盤軟體真的很方便，以台新超級智多星為例，產業別的個股可從參考商品查詢，我個人習慣自製頁面，如上圖所示。上半段為參考商品，下半段為資金流向（即當日產業的漲跌幅），這樣設定連動，只要選取產業，上半段就會顯示該產業的個股，可從上圖看出其他電子類的個股有鴻海、鴻準、貿聯、致茂等，也是當時強勢個股，尤其是鴻海集團的個股，在 2024 年 10 月表現強勢，鴻準更是在 10 月 30 日強勢鎖漲停，再創波段新高。

使用 3 指標選出個股

在第四章介紹三個技術指標，分別為 KD（隨機指標）、MACD（指數平滑異同移動平均線）及布林通道。三個指標各有其特性及功能，如 KD 主要是以短線為主，因其區間時間較為短，指標敏感度也較高，是協助找出短線轉折的工具；MACD 則是中長期波段的技術指標，在運用上會發現其敏感度遠低於 KD，但可找出波段的轉強及轉弱；布林通道則是計算個股會在哪個區間範圍內移動，在超出其上軌或跌破下軌時，代表慣性改變。我的短線交易將是把三個指標結合，找出最符合選股標準的個股。

◎ 第一步：找 KD 黃金交叉個股

三指標選股的第一步：先找出技術指標 KD 黃金交叉的個股。各家券商軟體都能選出 KD 黃金交叉的個股，將個股選出後再逐一去看其日線圖的技術型態。要記得順勢操做，所以技術型態一定要是多頭走勢，多頭型態表示 K 線圖整體趨勢往上。所以如果是空頭走勢的個股出現 KD 黃金交叉，我也不會考慮買進。

找出 KD 黃金交叉且技術型態為多頭走勢的個股後，利用價量累計圖來研判目前的位置是否在最大量區之上。還記得第四章介紹的價量累計圖嗎？透過價量累計圖可知道個股的成交量期間裡最大量區在哪，有助於找到最大支撐或壓力區。因此選個股時不能找股價在最大量之下的個股（代表最大量區為壓力），要選在股價在最大量區上的個股（代表大量區為支撐）。這樣除了技術型態為多頭的趨勢外，也有最大量區的支撐保護，股價較不容易向下跌破。

選股範例 1：怡利電

資料來源：台新超級智多星

如上圖所示，2024 年 10 月 30 日怡利電（2497）技術線圖型態為多頭走勢，且回測季線（60 日）後出現 KD 黃金交叉的訊號。照理來說回檔獲得支撐轉強是一個不錯的標的，但從上圖可看出，當天股價上方即是價量累計圖的最大量區（價量累計圖會因日期區間而改變，我一般都看 3 到 4 個月的日線圖），所以股價在最大量區之下，代表最大量區為壓力區，該檔個股就不會是我選擇的標的。

選股範例 2：展達

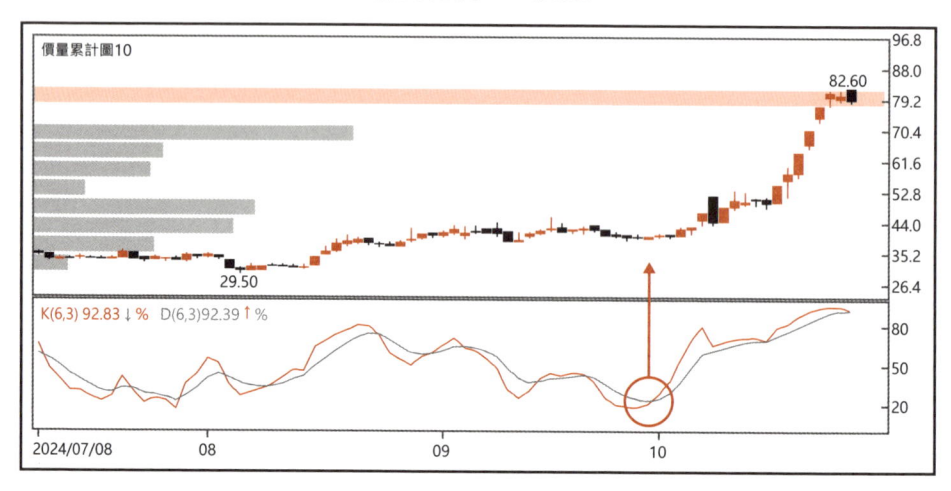

資料來源：台新超級智多星

　　上圖可看出展達（3447）於 2024 年 10 月初（箭頭處），技術 KD 指標出現黃金交叉買進訊號，當時的技術型態為多頭走勢，且價量累計圖當時並未顯示有大量套牢區。讀者看到的價量累計圖大量套牢區（80 到 82 元）是後來漲上去造成，並非 KD 黃金交叉買進時出現的。所以當 KD 黃金交叉出現時，透過技術型態選股，確認價量累計圖上方沒有大量套牢區，即是選股的第一步。

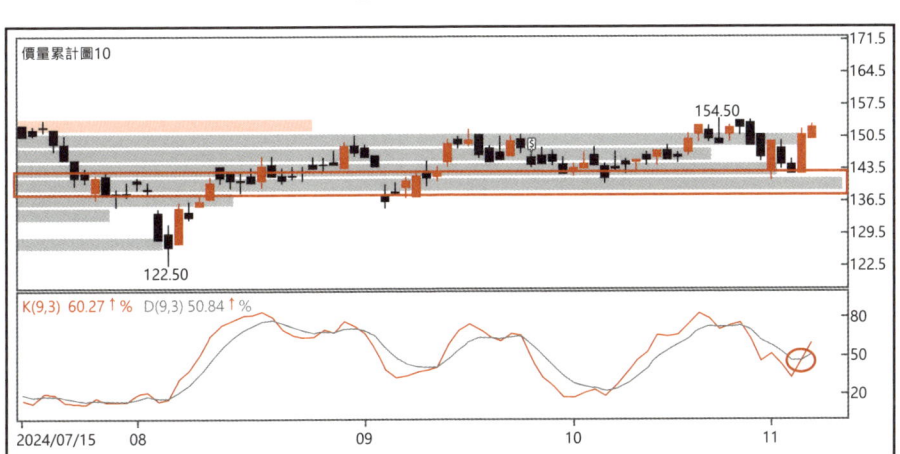

選股範例3：義隆

資料來源：台新超級智多星

上圖為2024年11月7日義隆（2458）的技術線圖，可看出其技術指標KD呈現黃金交叉，日線圖呈現多頭走勢，且股價在價量累計圖的最大量區之上，這樣就符合選股的第一步驟。短線上KD黃金交叉代表股價轉強，日線圖的趨勢為多頭走勢，價量累計圖的最大量區也給予了支撐的保護，就能增加其上漲的機率。

◎ 第二步：找MACD也將黃金交叉個股

第一步選出多頭型態且KD黃金交叉的個股後，我會開始從KD黃金交叉篩選出的個股中，找尋波段指標MACD也即將要黃金交叉的個股。為什麼KD黃金交叉後還要再尋找波段指標MACD黃金交叉呢？

在第四章有提到，各個技術指標都有其優缺點，KD指標代表了短線轉折，MACD指標則代表波段轉折，所以個股在KD黃金交叉後，技術指標MACD也即將黃金交叉，代表了該個股在短線上修正後轉折轉強，在波段上也即將進入波段起漲，檢視過兩個指標所篩選出的個股，勝率會較只用單一指標選出的個股高出許多。

一般 MACD 黃金交叉會較 KD 黃金交叉慢上 2 到 3 日，畢竟 MACD 的反應比 KD 指標慢上許多，但我們可從 MACD 的指標上看出 MACD 的雙軸（MACD 即 DIF）是否修正後即將黃金交叉，這樣可推估出該個股是否為我們想選擇的個股。

另，我會選擇 MACD 的雙軸線（MACD 跟 DIF）在 0 軸之上的黃金交叉，這代表該股是處於多頭的型態；如雙軸在 0 軸之下，意味著其波段修正可能跌幅過深，已非為多頭趨勢型態，所以會避開 MACD 雙軸在 0 軸之下的個股。

而 MACD 黃金交叉的位置除了雙軸在 0 軸之上，也盡量要在 0 軸附近，如果雙軸離 0 軸太遠，則股價隨時會有修正的可能。所以在看 MACD 黃金交叉時，其 MACD 雙軸要在 0 軸附近黃金交叉，是較為穩健且勝率高的選擇。

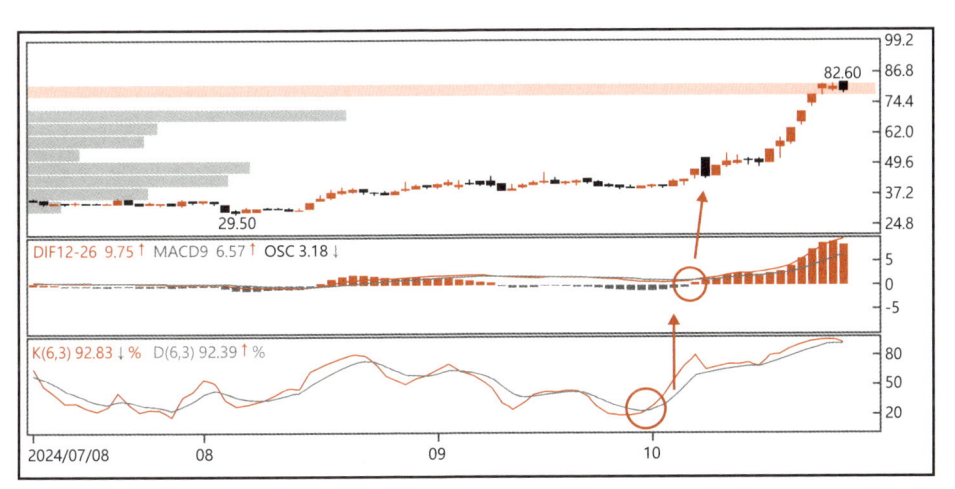

選股範例 1：展達

資料來源：台新超級智多星

　　由上圖可知，展達（3447）於技術指標 KD 黃金交叉買進訊號出現後的兩三天，MACD 也隨即出現黃金交叉，且位於 0 軸附近，股價在雙指標同步黃金交叉後則一路往上。

　　可從上圖看出，KD 黃金交叉時 MACD 雙軸已修正至將近黃金交叉且貼近 0 軸的型態，所以在 KD 黃金交叉且多頭型態的個股裡，須再檢視是否 MACD 即將交叉。這樣在短線指標 KD 及波段指標 MACD 的黃金交叉訊號出現後，上漲機率就大幅度增加，短線操作個股也能增加勝率。

選股範例 2：義隆

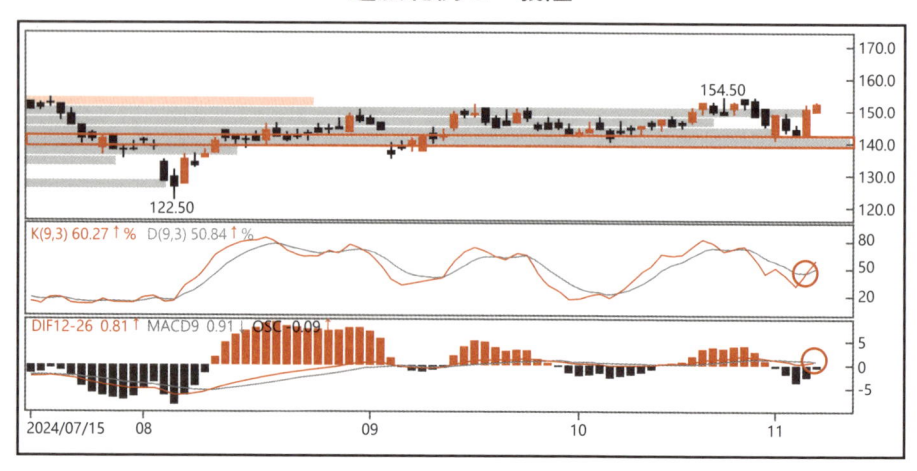

資料來源：台新超級智多星

　　以 2024 年 11 月 7 日的義隆（2458）為例，在 KD 黃金交叉且日線圖為多頭**趨勢**，並確認過義隆的股價在價量累計圖的最大量區之上。再來可看出 MACD 雙軸在 0 軸之上，且即將要呈現黃金交叉。股價在雙指標的驗證下，短線上已修正完畢後轉強，將開始新的波段，且股價下方有大量區的強力支撐。

◎ 第三步：布林通道上下軌皆呈橫向整理型態

在雙指標條件成立後，其實我們想要的個股已篩選出來了，讀者會發現，因有兩個指標的篩選條件加上價量累計圖，所以篩選條件變得較為嚴苛，最後符合選股條件的個股也變少很多。我們要的是勝率高的個股，雖然選出的標的不多，但只要勝率夠高，就能持續在市場上獲利。雖然雙指標加上價量累計圖已算是較嚴格的篩選條件，但最後我仍會加進第三種指標進行最後的確認。

選股的第三個指標為技術指標布林通道，第四章介紹過布林通道是經過統計學正負 2 個標準差計算，股價有 95.4％的機率會在布林通道的區間移動，是非常適合用來區間操作的工具。但在股價強勢上漲時，股價突破上軌時，少數的機率 4.6％就出現了，代表區間慣性改變，新的多頭走勢開始。布林通道最好的型態是原本上軌及下軌皆處於橫向走勢，之後股價上漲時，上軌向上及下軌向下，上下軌會呈現開口的型態，這是股價最容易走出一定漲幅的型態。

由此可知，在前兩項指標篩選完個股後，第三個指標是用來檢視雙指標選出的個股，也就是布林通道上軌及下軌皆呈現橫向的整理型態，這樣股價在上攻時上軌會往上，下軌會往下，最後呈現開口上攻的完整型態。

反之，如果篩選出的個股雙指標條件是成立的，但布林通道呈現不規則的型態，也不是我會選擇的個股。當然如果雙指標條件成立時，又剛好布林通道呈現整理完後的開口型態，且股價突破上軌，那表示該個股走勢很強勢，上漲的機率自然大大增加。

選股範例 1：展達

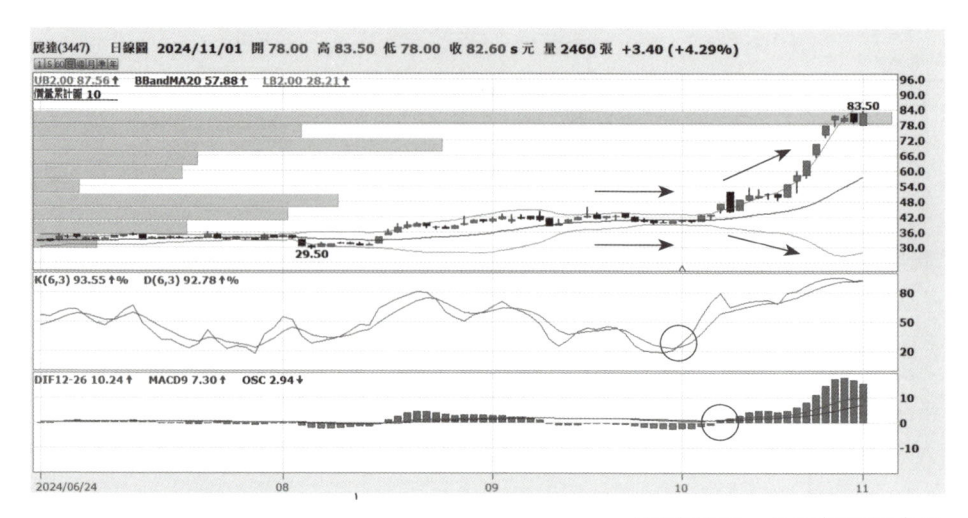

資料來源：台新超級智多星

　　可從上圖看出，展達（3447）KD 指標在黃金交叉後，經過兩三天後 MACD 指標出現黃金交叉的訊號，雙軸於 0 軸之上，且於 0 軸附近黃金交叉。布林通道於雙指標條件成立時呈現橫向整理走勢，在股價發動後，布林通道呈現開口的型態，且股價站上上軌，後勢股價一路上攻。

選股範例 2：義隆

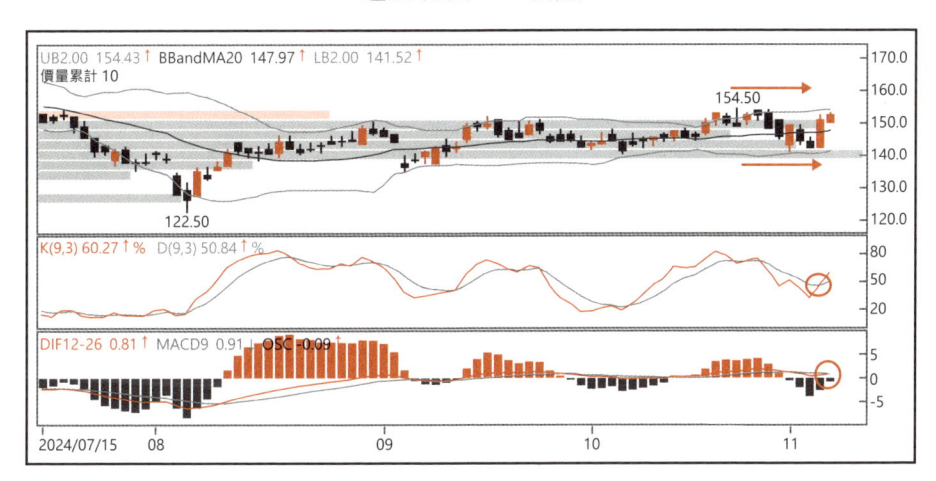

資料來源：台新超級智多星

　　由上圖可知，義隆（2458）KD 黃金交叉，MACD 亦即將黃金交叉，股價位於價量累計圖最大量區之上，布林通道上軌及下軌皆趨於橫向走勢。這樣短線指標轉強，波段指標 MACD 即將黃金交叉，下檔價量累計圖大量區有支撐，布林通道呈上下軌橫向整理。三指標篩選皆成立的情況下，該個股符合選股標準。

快速檢視基本面

基本面雖不是我篩選個股的主軸，卻是讓我不要踩到地雷的保護傘。雖然曾有股市的操盤手跟我說過，台灣股票似乎是沒獲利的公司最會飆漲。這點我認同，很多沒獲利的公司股價有時一漲都是兩三倍，但這樣的個股跌的時候也很恐怖，如果沒及時出場，有時想跑也跑不掉。

所以我用三指標篩選出個股後，會檢視公司營收及獲利是否穩定或成長，並找出股價較被低估的股票。其實市場的資金很聰明，有價值的股票遲早會被注意到。如果公司營收獲利一直成長，一定會有資金將它的股價拉高到合理或超出合理的價格。

要記得，我們要的是在股市長期穩定獲利，而非暴漲暴跌的飆股或妖股，因為基本面好的股票即使在大盤崩跌時，通常也較其他營收較差的個股來得抗跌。

◎ 營收持續成長

公司營收及本益比是我用來快速檢視個股的兩個工具，公司營收為首要，為什麼呢？

雖然本益比是計算獲利及股價的評估工具，但股價畢竟是反映未來，所以營收持續成長是股價上漲的首要因素。股價很容易受到兩種營收型態而上漲，一種營收持續上漲且預估會持續成長；另一種是因營收持續上漲而轉虧為盈，這樣的形態展現營收持續成長與股價的連動性。所以檢視基本面的首要條件，為營收是否持續成長。

展達每月營收與成長率一路上升

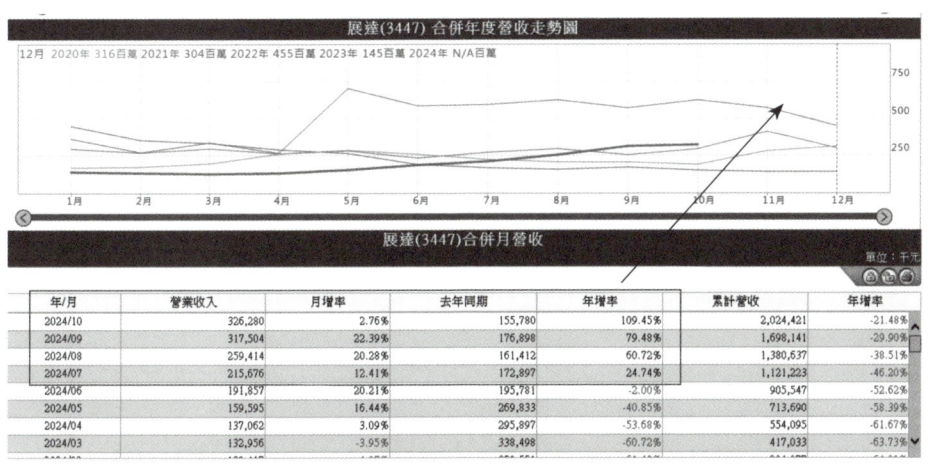

展達(3447)合併年度營收走勢圖

12月 2020年 316百萬 2021年 304百萬 2022年 455百萬 2023年 145百萬 2024年 N/A百萬

展達(3447)合併月營收 單位:千元

年/月	營業收入	月增率	去年同期	年增率	累計營收	年增率
2024/10	326,280	2.76%	155,780	109.45%	2,024,421	-21.48%
2024/09	317,504	22.39%	176,898	79.48%	1,698,141	-29.90%
2024/08	259,414	20.28%	161,412	60.72%	1,380,637	-38.51%
2024/07	215,676	12.41%	172,897	24.74%	1,121,223	-46.20%
2024/06	191,857	20.21%	195,781	-2.00%	905,547	-52.62%
2024/05	159,595	16.44%	269,833	-40.85%	713,690	-58.39%
2024/04	137,062	3.09%	295,897	-53.68%	554,095	-61.67%
2024/03	132,956	-3.95%	338,498	-60.72%	417,033	-63.73%

說明：自2013年起上市櫃公司因IFRSs會計準則規範，每月公告的營收必須是合併營收，不再公告非合併營收。2012年前，合併營收是採自願公告。

資料來源：台新超級智多星

展達股價亦一路狂飆

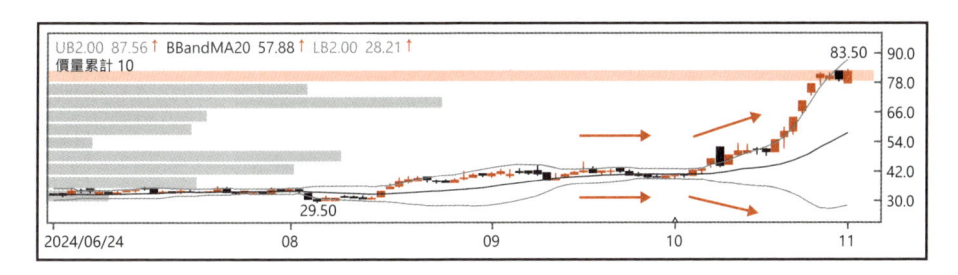

資料來源：台新超級智多星

　　用強勢股展達（3447）做為例子，可以從其月營收發現，展達從 2024 年 7 月開始到 10 月，月營收連續 4 個月向上成長，10 月年增率甚至高達 109.45％，這也讓展達 10 月的股價從 40 元一路飆升至最高 83.5 元。而三指標選股在 10 月初選出展達，並檢視月營收發現，7、8、9 月營收皆呈現年成長（與 2023 年同期比較），年增率也是逐月增加。

義隆每月營收年增率月月成長

義隆(2458)合併月營收

年/月	營業收入	月增率	去年同期	年增率	累計營收	年增率
2024/10	1,083,784	-2.79%	1,075,830	0.74%	10,743,816	7.18%
2024/09	1,114,868	-6.23%	1,207,207	-7.65%	9,660,032	7.95%
2024/08	1,188,899	8.19%	1,192,180	-0.28%	8,545,164	10.38%
2024/07	1,098,933	6.73%	1,102,522	-0.33%	7,356,265	12.33%
2024/06	1,029,664	-3.14%	993,903	3.60%	6,257,332	14.89%
2024/05	1,063,043	0.41%	991,258	7.24%	5,227,668	17.41%
2024/04	1,058,727	-5.23%	1,056,261	0.23%	4,164,625	20.32%
2024/03	1,117,206	12.64%	801,080	39.46%	3,105,898	29.14%
2024/02	991,811	-0.51%	789,455	25.63%	1,988,692	23.98%
2024/01	996,881	4.14%	814,603	22.38%	996,881	22.38%

資料來源：台新超級智多星

義隆 2024 年 10 月營收年增，股價隨之轉強

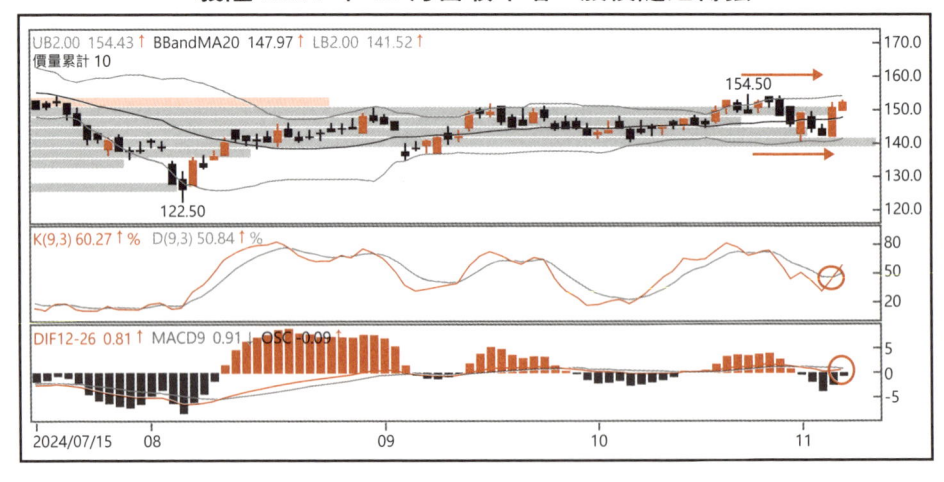

資料來源：台新超級智多星

　　另一個範例義隆（2458），是 2024 年 11 月 7 日利用三指標選出的個股，再來檢視其月營收。從上圖看出，義隆的月營收從 2024 年 1 月開始，年增率也都呈現正成長，代表其月營收與 2023 年同期比較，是持續成長，且越來越好。所以義隆符合三指標的篩選條件，且符合了基本面營收持續成長的條件。

◎ 用本益比檢視股價是否被低估

本益比是我用來檢視基本面的第二項工具。本益比的公式為股價除以每股盈餘（EPS），代表本益比是目前股價為每股盈餘的幾倍。本益比是用來檢視股價在獲利的考量上是否被低估，所以本益比這個數據的重要性，我會放公司月營收後。除非公司月營收年增率呈現衰退，我才會再用本益比檢視其股價是否被低估。

個股的本益比可與大盤或同業相比，來評估本益比是否過高或過低（過高代表股價已過熱，過低代表股價被低估）。而每個產業的本益比也不同，畢竟產業別與營收差異都很大，電子業的本益比約在 20 到 50 倍，而傳統產業的本益比區間約在 10 到 20 倍。如果電子股本益比在 20 倍之下，代表該公司獲利達到一定的水準，但股價並未反映，所以其股價被低估，可以買進。所以在技術指標三指標的篩選下，股價已修正轉強，在本益比評估下股價被低估，市場資金可能已開始注意，並開始投入該個股。

在這邊要特別提醒，營建類股因入帳特性與其他產業不同，有時當年度本益比超低，隔年度本益比又超高，是較不適合用本益比來評估的產業別。本益比最好運用的產業別是每年都會有穩定的獲利，這樣評估股價是否被低估或過熱，才會較為精準。

快速檢視籌碼面

在三指標篩選條件及基本面月營收或本益比檢視後，選出的個股已是值得投資的標的，但股價快速上漲需要主力的推升。主力的定義為可撼動股價的投資人，有可能是一般自然人、公司派、法人、外資或投信，能影響股價的投資人就是我們要去檢視的。雖然技術面及基本面條件都已成立，仍需要籌碼面協助股價推升；如果前兩項條件成立，主力卻一直賣出我們選出的個股，就影響到個股的後勢。所以短線交易的最後一道關卡，就是檢視主力是否買進。

在籌碼分析裡，檢視特定主力需要特定的軟體，如理財寶的籌碼 K 線，但這邊並不探討籌碼分析，只進行簡單的檢視。最簡單的籌碼檢視就是看三大法人是否買進，股票市場三大法人指的是外資、投信及自營商，三大法人每天買賣交易都須公布，而這些資訊在一般券商軟體即可查詢。

三大法人裡的外資投資期間較長，投資的個股多為權值類股。因資金較大，考量到流動性的風險，所以選擇的標的多為權值股（但有些是假外資，尤其在中小型個股上）。投信則較為短線，一般投信對中小型個股較有影響力，而外資在中小型個股的投資資金較少；自營商則是極短線的交易，因為是操作自己公司的資金，所以沒有成本手續費等考量。依據上述三大法人的慣性，我們主要參考的對象為外資及投信。

依過往的經驗，外資及投信在買進個股時通常是連續性的，較少短線交易，例如今天買隔天就賣，如果有應該也是假外資。我非常偏愛有投信買進的個股，因投信買進時，通常是以市價單敲進，賣出也是，所以中小型個股在投信有買進的情況下，上漲的速度會比較快。另外要注意的是，如果自營商當日大買，要留意自營商隔日就賣出的風險，畢竟自營商操作是非常短線的。

展達 2024/10/21～11/1 三大法人持股明細

日期	買賣超 外資	投信	自行買賣	自營避險	三大法人	估計持股 外資	投信	自營商	三大法人	持股比重 外資	三大法人
2024/11/01	544	0	20	23	587	5,941	0	168	6,109	7.70%	7.92%
2024/10/30	298	0	0	45	343	5,405	0	125	5,530	7.01%	7.17%
2024/10/29	233	0	4	64	301	5,148	0	80	5,228	6.67%	6.77%
2024/10/28	69	0	-5	0	63	4,914	0	12	4,926	6.37%	6.39%
2024/10/25	1,487	0	-20	0	1,467	4,839	0	18	4,857	6.27%	6.29%
2024/10/24	938	0	20	0	958	3,352	0	38	3,390	4.34%	4.39%
2024/10/23	38	0	0	0	38	2,401	0	18	2,419	3.11%	3.13%
2024/10/22	-425	0	0	0	-425	2,363	0	18	2,381	3.06%	3.08%
2024/10/21	994	0	-1	0	993	2,759	0	18	2,777	3.57%	3.59%
合計買賣超	4,712	0	20	132	4,864						

資料來源：台新超級智多星

三大法人的資料可在券商軟體上查詢，台新超級智多星則是在股票上點上滑鼠右鍵，按下法人持股就可看到三大法人買進賣出及持股狀況。從

上圖可發現，展達（3447）在 2024 年 10 月 21 日至 11 月 1 日，外資共買進了 4,712 張，也可由上圖看出，外資幾乎日每日買進。所以在三指標條件的篩選、基本面的檢視下，最後外資連續買超，讓股價順利上漲了一個波段。

義隆 2024/10/25～11/06 三大法人持股明細

日期	外資	投信	自行買賣	自營避險	三大法人	外資	投信	自營商	三大法人	外資	三大法人
2024/11/06	2,196	-422	32	25	1,831	87,046	12,162	25,397	124,605	28.64%	41.00%
2024/11/05	-322	57	-5	-5	-275	84,862	12,585	25,340	122,787	27.92%	40.40%
2024/11/04	-1,053	81	-4	-7	-982	85,123	12,528	25,350	123,001	28.01%	40.47%
2024/11/01	76	48	-24	-2	99	86,224	12,447	25,360	124,031	28.37%	40.81%
2024/10/30	1,594	-2	-2	-8	1,582	86,400	12,399	25,386	124,185	28.43%	40.86%
2024/10/29	-441	2	-25	-20	-484	84,752	12,401	25,396	122,549	27.89%	40.33%
2024/10/28	126	253	3	-11	371	85,286	12,399	25,441	123,126	28.06%	40.51%
2024/10/25	411	192	-77	20	546	84,772	12,146	25,449	122,367	27.89%	40.26%
合計買賣超	2,587	209	-102	-8	2,688						

資料來源：台新超級智多星

由上圖可看出，透過三指標條件及基本面檢視，篩選出的個股義隆（2458），其法人籌碼為外資剛買超 2,196 張，之前雖連續 2 天賣超，但都是很小幅度的減碼。就經驗來說，外資一般會連續買進，且外資在 11 月 6 日買超的力道並不小，單日就超過兩千張買超，外資後續再買進的機會也會較大。所以義隆為三指標條件、基本面檢視及外資法人買超的個股，符合我們的選股條件。

設立短線停損停利

在研判大盤趨勢、三指標條件篩選、基本面及籌碼面檢視後，最終選出了個股，接下來就要進場交易及停損停利了。先說說進場點，在三指標選出個股後，我會在當日最後一盤買進。什麼是最後一盤？台灣股市交易

時間為 09：00 到 13：30，而 13：25 到 13：30 是採集合競價，這 5 分鐘所有的買賣單都會在 13：30 一起開出來，所以稱這最後 5 分鐘為最後一盤。

為什麼要在最後一盤買進呢？因為一天的股價變化都很大，常常盤中選出的個股，在開盤時表現很好，三指標也符合條件，結果開高走低，原本的 KD 黃金交叉到尾盤竟沒有了。為了確保該個股是我要的，我會在尾盤指標都確立的情況下買進，這樣就能確立三指標的型態是完整的。

◎ 短線交易的停利點

我的短線交易停利非常簡單，大家還記得 K 棒是如何組成的吧，在這簡單複習一下，K 棒是由開盤、收盤、最高及最低所組成。當我們利用三指標及基本面籌碼面檢視選出個股後，若股價如預期開始上漲，我們要做的，就是比對每天 K 棒的收盤價是否低於前一日 K 棒的最低點。

切記不是以每日的最低點去比對前一日 K 棒最低點，而是以收盤價比對前一日的 K 棒最低點。假如當日的收盤價未跌破前一日 K 棒的最低點，則持股續抱，一直到某天 K 棒跌破前一日最低點即停利出場。

停利時也是以最後一盤賣出為主，我會在最後一盤 13：25 確認當日 K 棒是否會收在低於前一日最低點。一般來說，最後一盤的成交價不會跟 13：25 的成交價差距太大，所以很好判斷。除非當日有如 MSCI 指數對台灣股市大幅度調整的情況下，尾盤才可能出現異常幅度的成交價格。

> **MSCI 台灣指數（MSCI Taiwan Index）**
> 是由明晟編製並發布的股票指數，追蹤台灣大型股和中型股的表現。指數於 1989 年 7 月 31 日啟動。指數的計算方式以市值為基礎，涵蓋台灣股票全市場（包括集中市場和店頭市場）約 85% 的流通市值，收錄台灣前 100 大企業（目前為 86 家）。MSCI 指數在每年 2 月底、5 月底、8 月底、11 月底會進行季度調整，調整會於最後一盤下單，並於當天收盤後生效，指數會變成調整後的數值。

展達在篩選後，每日收盤價皆未跌破前一日低點

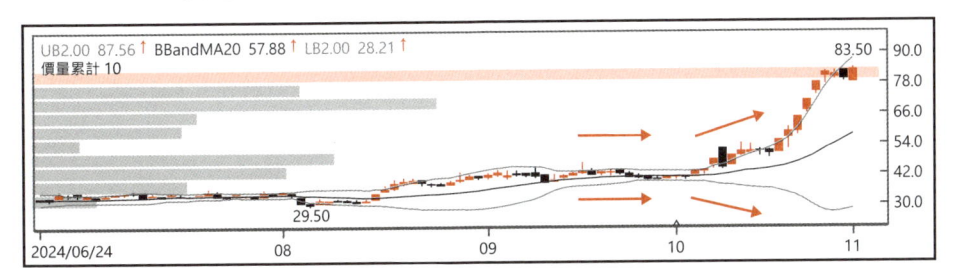

資料來源：台新超級智多星

　　從上圖可看出，在我們利用三指標、基本面及籌碼面檢視後選出的個股展達，股價持續往上。各位投資朋友可發現，在指標出現買進訊號後，一直到 2024 年 11 月 1 日，都沒有一天的 K 棒收盤價低於前一日 K 棒的最低點位置，代表後勢可能尚未結束，短短一個多月已上漲超過一倍。

◎ 短線交易的停損點

　　在用三指標條件篩選及基本面、籌碼面檢視後，還是會有些個股不如預期下跌。這邊要強調，沒有一種選股法能確定個股 100％會上漲。所以當股票表現不如預期時，停損絕對是非常重要的。

　　在我的經驗裡，第一次停損絕對是最正確的，不管你的停損法是什麼，會碰到停損點，就代表該檔個股走勢不如你的預期，代表該個股已不是我們要投資的標的。這時碰到停損點，一定要當機立斷停損。

　　我明白很多投資朋友砍不下去，畢竟是自己的血汗錢，但相信我，第一次的停損總是最好的選擇。因為即使你這次不停損凹對了，你下一次碰到停損點時又會凹單不停損，只要碰到一次大幅度的崩跌，就會讓投資本金虧損慘重，可能需要很久的時間才能復原。所以謹記，不管痛不痛心，碰到停損點時，閉著眼睛都要按下去停損。

　　我的短線停損法也非常簡單，我們買進個股是從三指標篩選法及基本加上籌碼面檢視出來後，在當日的最後一盤買進，而我們的停損點，就是買進當日的最低點。我的想法是，當日買進的個股的原因，也是你應該設立停損原因，如果買進的原因消失了，投資該檔股票的原因也不見了。

　　所以我的停損設定法非常簡單，就是將停損點設在你「買進該檔個股當日 K 棒的最低點」。我建議在買進個股時，就利用軟體將當日的最低點用平行線畫出來，這樣你每日在檢視個股時，都會清楚看到該檔個股是否接近停損點，在檢視上更方便，且更能提升警惕效果。

買進後在最低點畫線,當停損點

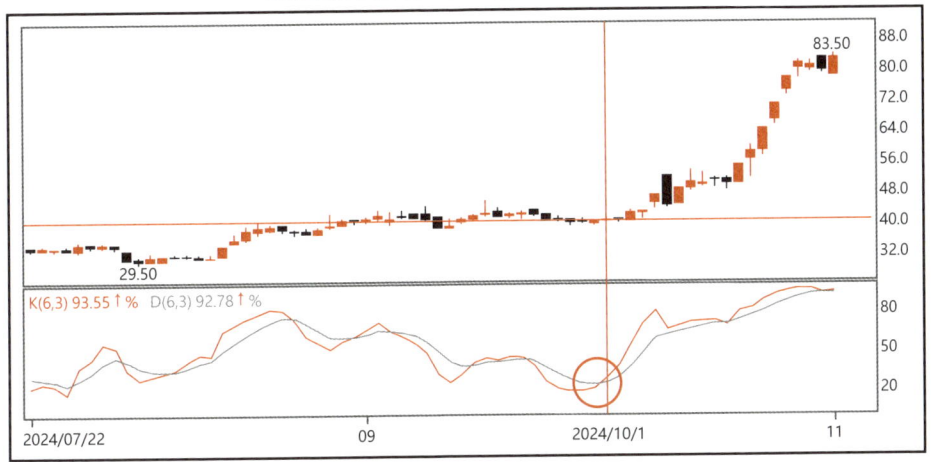

資料來源:台新超級智多星

可從上圖可看出,由指標選出展達(3447)的日期為 2024 年 10 月 1 日,可從軟體看到當日的最高、最低、開盤及收盤(K 棒的組合)。當日展達的最低點是 40 元,所以 40 元就是停損點。各位可從上圖看出我會在最低點畫上一條平行線,每日在檢視個股時,即可清楚看到停損點在哪裡。

最後再次強調,雖然每個人設定停損的方式都不相同,有些人喜歡找上漲第一根長紅 K 棒的最低點為停損點,有些人以均線作為停損標準,有些人則以區間最低點為停損點。不管停損方式為何,請謹記,第一次的停損往往是對的,務必嚴格執行。

停損絕對是操作上最重要的一環,沒有 100％勝率的股票投資,所以一定要在股票不如預期的時候進行停損,把大部分的本金守好,才能大賺小賠。

透過軟體快速找出技術指標型態符合的個股

現在篩選個股、買進及設立停損停利的短線交易策略 SOP 已完成，這時可能會有人問，這樣每天找這些符合條件的股票不就要花很多時間，還得去一一比對技術指標有沒有符合三指標篩選，再去檢視籌碼及基本面。其實現在進入數位化的時代，各家券商軟體的功能都非常好用，也非常容易上手，加上可以自訂自己想要的頁面功能，就可以每天快速選出符合技術指標條件的個股了。

以下分享我在軟體上的選股頁面及功能操作，因我是用台新的軟體超級智多星，如果跟投資朋友的軟體有出入還請見諒。各家軟體的功能略有不同，我也無法一一檢視各家軟體的應用，這不是我們探討的重點。

篩選個股 SOP 裡，主要是從技術指標 KD 黃金交叉，再到 MACD 黃金交叉，接著檢視布林通道上下軌的型態，最後檢視基本面及籌碼面。所以第一步是找出 KD 黃金交叉的個股，台新超級智多星的軟體裡有一個功能叫即時選股，意思就是在盤中就能將設定條件的股票選出，所以我們可以在看盤軟體上先設定即時選股，將當日符合 KD 黃金交叉的個股全部選出來。

從軟體選出當日 KD 黃金交叉個股

KD出現黃金交叉(台灣)

時間	商品	成交
13:30:00	昇陽(3266)	19.20
13:30:00	大亞(1609)	46.20
13:30:00	永豐餘(1907)	31.35
13:30:00	創見(2451)	97.6
13:30:00	吉茂(1587)	40.75
13:30:00	宜進(1457)	19.45
13:30:00	福興(9924)	54.1
13:30:00	大同(2371)	44.95
13:30:00	志聖(2467)	212.0
13:30:00	信義(9940)	30.75
13:30:00	台汽電(8926)	43.55
13:30:00	華電(1603)	35.15
13:30:00	辛耘(3583)	460.0
13:30:00	四維航(5608)	18.10
13:30:00	士紙(1903)	55.1
13:30:00	永冠-KY(15...	39.20
13:30:00	日盛台駿(6...	30.75
13:30:00	新纖(1409)	15.55
13:30:00	山隆(2616)	20.40
13:30:00	台富(1454)	16.65
13:30:00	統一實(9907)	17.00
13:30:00	天仁(1233)	33.00
13:30:00	永記(1726)	79.1
13:30:00	欣天然(9918)	41.35
13:30:00	樂事綠能(1...	27.35
13:30:00	愛山林(2540)	89.4

資料來源：台新超級智多星

從上圖可看出，台新超級智多星每分鐘都在篩選符合條件的個股，圖中的個股就是符合技術指標 KD 黃金交叉的個股，這樣我們就能從這些股票中選取符合技術型態的個股。

選出符合 KD 黃金交叉的個股後，各位記得還需要什麼條件嗎？我們需要個股日線圖呈多頭型態，且股價不能在價量累計圖的最大量區之下。如果要一個一個去檢視的話，其實非常耗時間，所以這邊要介紹軟體的另一個功能：自訂頁面。

台新超級智多星可以自訂想要的頁面，可分隔成好幾格，如四格或兩格，左右各一格或上下各一格，依自己的喜好去設定。我除了即時選股外，會另外再加三個頁面，技術線圖、資金流向（看產業漲跌幅），及參考商品（即選擇產業時跳出該產業的個股）。這些都是選股 SOP 需要的，最後再讓這四個頁面連動，這樣我們就能利用看盤軟體，快速篩選出符合條件的個股，並且檢視大盤的趨勢及產業強弱勢。

自訂頁面，同時接收多項資訊

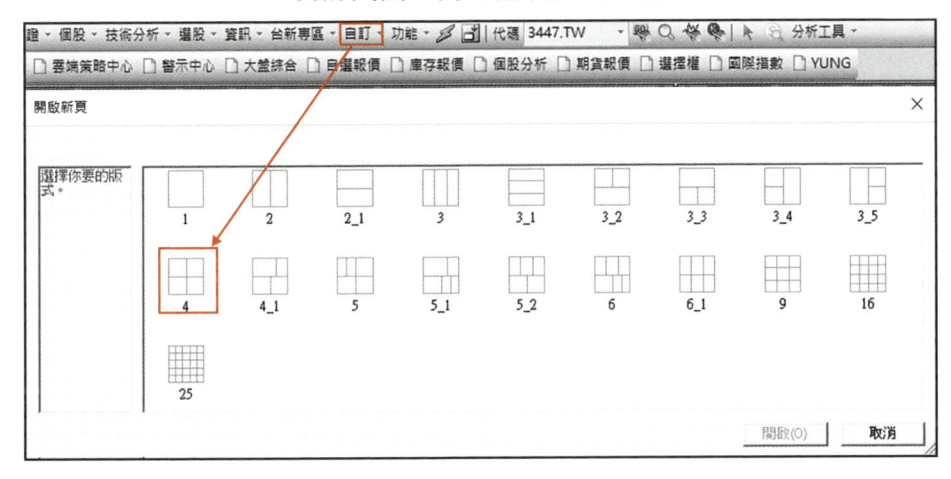

資料來源：台新超級智多星

　　在台新超級智多星的軟體上選取「自訂」後選取新增，就會出現如上圖的畫面，有各種格式可以參考。我最常用的格式就是四格頁面，習慣將左上放入參考商品（產業相關個股），左下放入資金流向（產業漲跌幅），右上放上技術線圖，右下則放入即時選股 KD 黃金交叉。

四個頁面連動，看產業也看個股

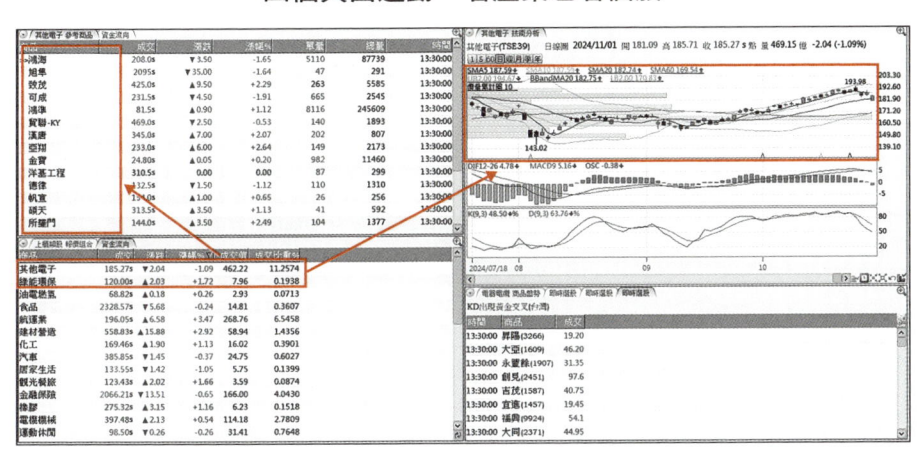

資料來源：台新超級智多星

上圖就是我平時看盤的頁面圖，這四個頁面是連動的，代表了如果選擇了一個產業，如上圖範例是其他電子，那左上圖跟右上圖就會連動。左上圖出現其他電子的相關個股，右上圖則會出現其他電子的技術線圖。

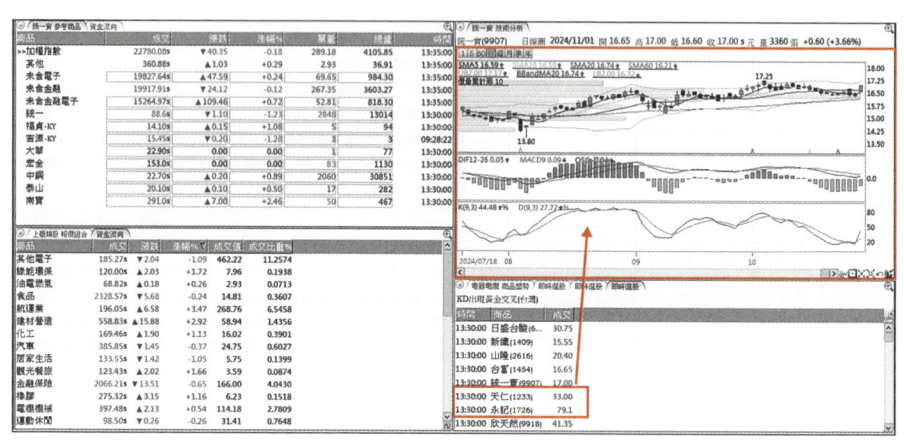

點選選出個股，右上技術線圖會同步連動

資料來源：台新超級智多星

這樣我們就能透過台新超級智多星，在極短的時間內選出符合我們篩選條件的個股。第一步是看右下圖的即時選股：KD 黃金交叉，在點選選出的個股時，右上圖的技術線圖會同步連動，這樣就能快速看出該個股是否符合條件。上圖的範例是統一實（9907），在選取統一實時，右上圖即變成統一實的技術線圖，所以我們能快速看出技術指標 KD 黃金交叉，股價在價量累計圖最大量區之上，MACD 即將黃金交叉。找到這樣的個股後，可點滑鼠右鍵找出基本面的月營收資訊（在選項中的營收資訊）或本益比，以及籌碼面的三大法人買賣超（在選項中的法人持股）。

找出基本面、籌碼面資訊

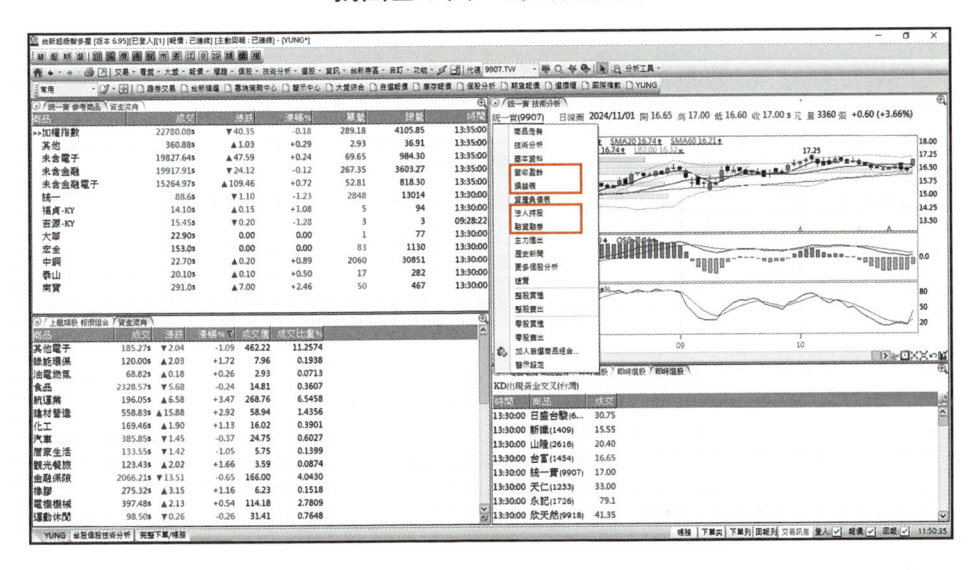

資料來源：台新超級智多星

　　我一般都在 13：00 左右進行選股，畢竟我是要在最後一盤買進，我會快速瀏覽右下圖的即時選股：KD 黃金交叉，並快速檢視完當日每一個黃金交叉的技術線圖（只要點選右上圖就會出現，所以只要看到不是多頭型態就點下一個）。記得右上圖的技術線圖日線圖要加上布林通道及價量累計圖，副圖可新增兩個，一個是 MACD 及 KD 黃金交叉兩個技術指標，這樣選股工具才會齊全。

　　快速點選 KD 黃金交叉的個股後，很快就知道哪些是多頭型態，及股價站上價量累計最大量區之上的個股，再來就可從副圖中檢視 MACD 是否即將交叉，如果都符合，最後檢視月營收及法人買賣超。

　　乍聽之下有點複雜，但其實摸熟軟體之後，你會發現這個選股過程不會超過 15 分鐘。因篩選條件較為嚴謹，不是每次都會選出個股，如果沒有選出來的話，就不需要交易。個人經驗是當大盤弱勢或進入空頭時，短線策略三指標篩選法就很難篩選出個股，這樣也能避開硬要交易的風險。

切記，篩選出合適的個股並於尾盤買進後，第一件事就是先設好停損點，並記得寫下紀錄，如買進的價格、停損的價格、如何停利等。再來就是每日檢視該檔個股的後勢表現，並在每日 13：00 左右檢視是否該停利或停損，或者應該持股續抱，並同步篩選出符合條件的個股。如果手頭有資金或剛好有個股出脫，即可於尾盤再買進；如果沒有資金，也可將選出個股列入觀察股，當成反覆練習的範例，這樣在運用上就會很快就上手。

讀者會發現，雖然我前面解釋了很多，但在實際運用上所需花費的時間其實很少，因為方法滿簡單的。透過這樣的短線操作方式反覆操作，嚴格執行策略及停損，最後就可逐步累積獲利及報酬率。

09. 股市只是人生的一部分，卻能改變人生

各位了解我的股票短線投資策略後，應該可以發現其實我的投資方式是非常簡單易懂的，工具也是券商軟體的基本款。我一直覺得投資不用複雜，只要能持續穩定獲利就可以了，這才是投資的重點，所以要找到屬於自己的投資方式。而我投資的核心理念就是持續簡單但有效的方式，這樣就能繼續朝正確的道路前進。

另外，我的短線投資方式並不占會用太多時間，每日只需花 30 分鐘選股，檢視持股，買進個股後設定好停損停利，再來就是將這些步驟重複再重複。這樣不管盤勢如何，買進的持股表現如何，我都已準備好了。如果買進後個股如期上漲，就用短線停利法獲利出場；如果買進的個股表現不佳下跌，跌破買進日的最低點即停損出場；如果兩者皆未發生，則持股續抱。

當然最重要的是一定要嚴格執行操作策略，在短線投資策略及停損停利都設定好的情況下，你在股市操作的心會平靜很多，不會因為股票大漲大跌，而有太多的情緒起伏。因為你已經知道這檔股票是用你的策略篩選出來的，明白為什麼要買進，明白什麼情況下要停利，明白這檔個股不如預期時要如何停損，你知道你在做什麼，所有的情境都在你的掌握之中。

◎ 賺錢是人生大課題，持續獲利克服財務壓力

股市並不是每個人都會想投入的投資市場，小時候常聽上一輩勸許多人不要碰股票，很多人因為投資股票破產，賠了一屁股，將股市講得跟賭場一樣恐怖。我覺得長輩們說錯了，在我人生的經歷裡，股市並不是賭場，股市是讓投資人更容易參與投資，分享上市櫃公司的利潤，當公司的股東。

投資股市是有方法的，股市並非賭場，而是那些賠了一屁股、破產的人，把自己當成賭徒，並沒有用心學習適合的投資工具。投資工具千千百百種，絕對有適合自己的投資方法，即使是像巴菲特用最簡單的複利觀念，進行長期投資，賺到錢的機率也是非常大的。請不要誤會股市，要反省的是自己，如何運用股市是看你如何看待它，你把它當賭場，它就把你當賭徒，你把它當投資生財工具，它就會回饋你投資應有的報酬。

　　雖然股市只是我人生中的一小部分，卻是改變我人生最重要的工具。台灣的社會很多都是向美國學習的，而美國奉行資本主義，在資本主義的前提下，很容易形成 M 型社會，就是有錢人越來越有錢，沒錢的人就越來越沒錢，這是非常不公平的，但是社會什麼時候公平過呢？

　　目前的物價越來越貴，房價越來越高，年輕人的薪資水平大多都在三萬多元，這樣養自己就滿辛苦的，除了投對了胎，就只能靠自己了。能改變人生的工具不少，例如努力念書進台積電、做生意、當網紅等。而改變我人生的是股市，對於資金不多的我來說，股市是最容易進入的門檻，只是要運用對的方式投資，就會有回報。我對踏入股市投資的朋友有以下幾個建言，是我在股市裡的一些小經驗：

1. 在資金不多、必須累積資金的階段，可將一半的資金進行長期投資，選好一個大型指數 ETF（如 0050），持續複利投資，這有助於你在學習投資階段，能同時累積資本。

2. 投資一定不要用貸款，因為貸款要每月還款，心理負擔會比一般投資來得重很多，可能股票明明可以獲利，但你因現金不足，只好被迫賣掉股票繳貸款，會影響投資的節奏跟心理。要記住，投資時保持平靜的心很重要。

3. 嚴守紀律很重要。不管是停損還是停利，貪心及恐懼一直是人類最無法改變的人性，要反人性其實是非常難的。這也是為什麼我希望各位投資朋友在買進持股時，就要將策略都寫好，這樣當你心裡有疑惑，發生天人交戰的時候，就拿出你的策略來看看，然後照著上面做。

4. 如果連續虧損三次，請休息一陣子再投資。這代表你的投資節奏可能亂掉了，有時遠離一下股市，會讓自己看得更清楚，每天盯著股市，有時反而會產生更多的盲點跟不該有的情緒。所以如果出現連續性的虧損，請離開股市一下，出去走走，看看風景，把心裡的雜念清空，回來重新檢視哪裡做錯，或哪裡需要修正，重新開始。

5. 資金分配一定要做好，平均分配投資資金很重要，很多人喜歡 All in 個股，如果剛好那檔必須停損，你要再賺回原本的資金水位，則需要更高的報酬率。比方說你全部資金是 100 萬，你 All in 股票，但下跌停損賠了 10％，則投資資金則剩下 90 萬。90 萬要再賺回到 100 萬，則需要 11.11％的報酬率。只要投資策略勝率是夠高的，資金平均分配才能將虧損控制在最低。

　　以上的投資小經驗都是我親身經歷，分享給各位，希望對各位在投資股市的路上有所幫助。

　　賺錢是人生重要的課題之一，相信不管身在哪個年代，我們都會希望自己能賺更多的錢，給家人更好的生活，給孩子更多的選擇，給爸媽更好的退休生活環境，所以賺錢不自覺變成了每個人人生中巨大的壓力。而能持續性在股市中獲利，是我緩解許多財務壓力的工具，但要用對的方法，且有耐心地去做。我相信只要你能找到對的投資方式，你的人生會很不一樣，你的人生會有更多的選擇，能走更多的地方，能看更多的風景，你的人生會因此更加精采。

◎ 觀念與心態正確，才能找到方法翻轉人生

　　最後，要謝謝各位願意將我分享的投資策略看完，很希望因為我的關係，能讓你的人生有不一樣的風景，能讓你在投資的道路上，更加順遂。我的方法並不適用於每個人，但要提醒大家，投資的觀念一定要正確，觀念正確了，其實就成功了一半，至於方法與策略，大家就選擇最適合自己的方式。

人生不可能永遠都順風順水，畢竟人生不如意事十之八九，在人生的路上總是碰到許多挫折與打擊，但保有正確的投資觀念與心態，才能讓我們越挫越勇，持續進步。

　　在這邊分享我父母親常跟我說的一句話，「人生的挫折越多，你學到的越多」，以前我會覺得這什麼意思啊，誰會想遇到不好的事啊，我難道不能不要有挫折嗎？結果發現，你不想要有挫折，挫折也會來找你，而經歷過40年的歲月（小弟今年40歲），才發現原來每次的挫折都會有不小的收穫。

　　我們當然很享受成功的喜悅，但似乎只有挫折才會學到更多東西。如果你的人生目前走在逆境上，我要恭喜你，你會收穫很多，只要你相信自己，相信你絕對能撐過這一個難關，你將會更上一層樓，變得更好，更接近成功。希望在追求財富自由及成功的道路上，能與各位再次相遇，謝謝大家。

09. 順勢放空

　　前面幾章分享股票篩選及投資的方法，都是以做多為例，畢竟大部分的投資朋友都是以做多為主，盤勢不好選不出股票，就避開不做即可。前文也有分享如何研判大盤趨勢及個股如何停損等技巧，在這個番外篇我想分享一下如何放空股票。

　　一般來說大盤會有三種趨勢型態：多頭型態、區間盤整跟空頭型態。區間盤整型態的時間較短，大多時間要嘛多頭要嘛空頭。因為我們的市場不大，只要一點風吹草動，都會讓大盤的波動變大，所以除了做多以外，也需要學著如何放空個股。

　　先講解一下放空股票，一般做多交易股票投資人多是想買低賣高，買在價格較低的位置，並在股價較高的位置賣出；而放空的意思則是反過來，先賣再買，即是先在高點的位置賣出股票，等股票跌下來後買進。

　　而放空股要需要使用到信用交易，所謂的信用交易在第四章的融資成本線裡有提到，即是大家常聽到的融資融券。我並不鼓勵各位採用融資借錢買股票，但可以運用融券來放空股票。融券的意思是可以透過證券公司借股票來賣出，等到股票價格跌下來，則買進還給證券公司；但相對的，如股票不如預期下跌，而是向上漲，則會造成虧損，跟做多是反過來的。

◎ 跌破融資成本線，是放空好標的

　　在了解放空是什麼之後，要先跟各位複習一下融資，因為這跟如何篩選放空個股有關。融資是投資人向券商借錢買股票，一般上市股票能借到60%的資金，而上櫃的股票能借到50%。

　　而交易所為確保證券公司能回收資金，設立了所謂的「融資維持率」，融資維持率的意思是「股票市值÷融資金額」，如要投資10萬元的股票，投資人能向證券公司借6萬（60%），所以一開始融資買進股票

的維持率是 10÷6=166%。交易所規定投資的融資維持率須維持在 130%以上，低於 130%需還部分資金，讓融資維持率回到 130%以上，否則證券公司可強制賣出股票，即投資人俗稱的「斷頭」。

各位還記得融資成本線吧？在理財寶軟體籌碼 K 線裡獨有的融資成本線，就是我拿來進行放空的工具。在這邊簡單複習一下融資成本線，融資成本線是整個市場所有券商的投資人，針對這檔個股用融資買進的平均成本，這是市場所有人用融資已買進的平均成本，這也代表了如果股價在融資成本線之下，那用融資買進該股票的投資人大多是虧錢的。且融資利率平均是 6.25%，所以對於融資套牢的人來說，壓力是非常沉重的，這也是為什麼我們在篩選放空個股時，要選出「跌破」融資成本線的個股，且融資使用率高於 60%。

什麼是融資使用率？融資使用率代表市場所有券商可融資給這檔個股所有資金已使用了多少，這可以讓我們了解有多少融資使用在該檔個股上面。這邊要特別注意，融資使用率高有時並不是壞事，因為有些市場主力也是會透過融資來鎖籌碼的。但如果股價跌破融資成本線，且融資使用率又很高的話呢？這表示如果該個股持續下跌，可能會有很多人被斷頭，進而造成多殺多的情況，而讓該股票連續下跌。

放空範例：波若威（3163）

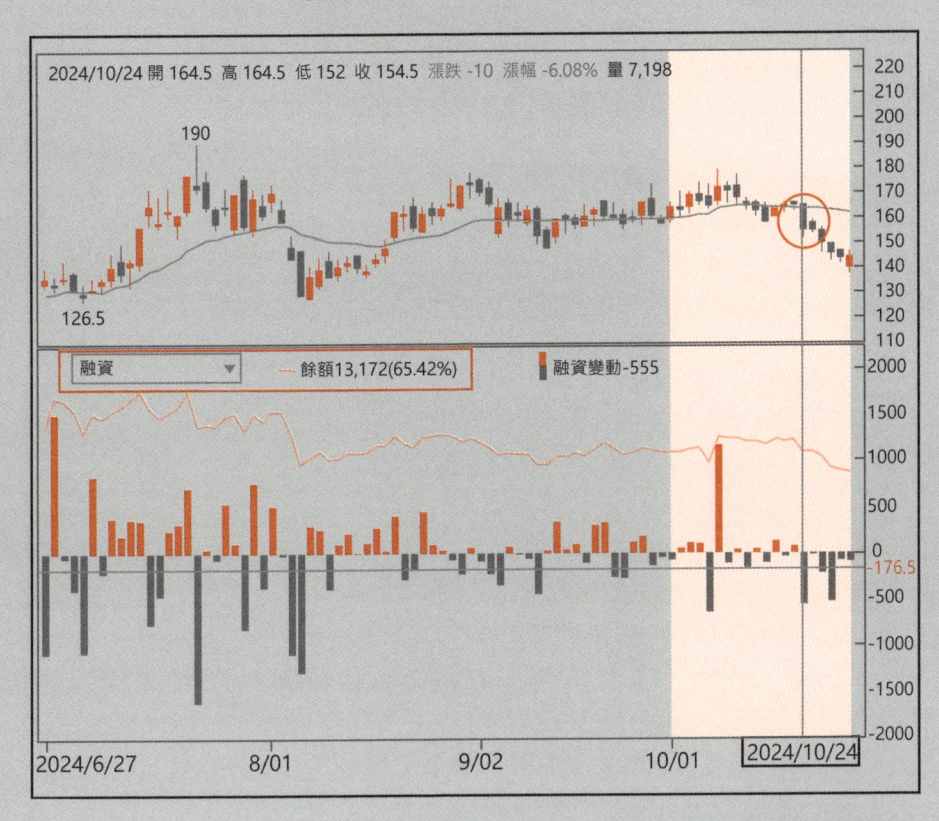

2024/10/24 開 164.5 高 164.5 低 152 收 154.5 漲跌 -10 漲幅 -6.08% 量 7,198

資料來源：理財寶 籌碼 K 線

◎ 放空停利：收盤價高於前一日 K 棒最高點

　　由上圖可知，波若威（3163）跌破融資成本後，股價就開始逐步下跌，而跌破融資成本時的融資使用率更高達 65.42%，這代表市場所有券商能融資波若威的金額已使用了 65.42%，使用率是非常高的；但股價卻跌破了融資成本線，代表這些大量使用融資的投資人大多是套牢的，而如果股價持續下跌，有可能造成斷頭賣壓，進而造成更大下跌波段。

　　放空的操作策略也很簡單，就是跌破融資成本線時，放空該檔個股，

融資成本線就是停損基準。前文提到，投資的原因是什麼，那停損的時機就應該是投資原因消失時的時候，所以採用融資成本線進行放空，那融資成本線就是停損基準。放空停利如何執行？就跟做多一樣，只是反過來運用，放空的停利是當收盤價高於前一日 K 棒的最高點時，則融券回補獲利了結。放空策略 SOP 是：

1. 找出融資成本使用率高於 60％的個股。

2. 篩選出融資使用率高於 60％的個股中，跌破融資成本線的。

3. 放空時以當日最後一盤進行放空（代表要成交在收盤價）。

4. 停損以融資成本線為基準，如收盤價站上融資成本線則停損。

5. 停利以每日的收盤價比對前一日 K 棒的最高點，如收盤價高於前一日的最高點，則獲利了結融券回補。

以上的放空 SOP 流程是額外分享給各位的，畢竟大盤不是只有多頭格局。很多人不習慣做空方，但是身為一個要長期於股市穩定獲利的投資人，多空都要能操作。不然在空頭市場時，做多的投資人只能避開，但是懂得放空的投資人，能於空頭市場時也能順勢賺取獲利。所以一定要謹記，一定要順勢操作，不要在空頭市場硬要做多，在多頭市場硬要做空，只要順勢操作，勝率就會提高很多。

台灣廣廈 國際出版集團
Taiwan Mansion International Group

國家圖書館出版品預行編目（CIP）資料

2周狠賺10%：短線交易的法則 / 張永猷著 ,
-- 初版. -- 新北市：財經傳訊, 2024.11
　面；　公分. --（View;76）
ISBN 9786267197752（平裝）
1.CST:投票投資 2.CST:投資分析 3.CST:投資技術

563.53　　　　　　　　　　　　　　　　113014308

財經傳訊
TIME & MONEY

2周狠賺10%：
短線交易的法則

作　　　者／張永猷	編輯中心／第五編輯室
	編 輯 長／方宗廉
	封面設計／張天薪
	製版・印刷・裝訂／東豪・弼聖・兼成

行企研發中心總監／陳冠蒨	線上學習中心總監／陳冠蒨
媒體公關組／陳柔彣	數位營運組／顏佑婷
綜合業務組／何欣穎	企製開發組／江季珊・張哲剛

發　行　人／江媛珍
法 律 顧 問／第一國際法律事務所 余淑杏律師・北辰著作權事務所 蕭雄淋律師
出　　　版／台灣廣廈有聲圖書有限公司
　　　　　　地址：新北市235中和區中山路二段359巷7號2樓
　　　　　　電話：（886）2-2225-5777・傳真：（886）2-2225-8052

代理印務・全球總經銷／知遠文化事業有限公司
　　　　　　地址：新北市222深坑區北深路三段155巷25號5樓
　　　　　　電話：（886）2-2664-8800・傳真：（886）2-2664-8801
郵 政 劃 撥／劃撥帳號：18836722
　　　　　　劃撥戶名：知遠文化事業有限公司（※單次購書金額未達1000元，請另付70元郵資。）

■出版日期：2024年11月
ISBN：9786267197752　　版權所有，未經同意不得重製、轉載、翻印。